Realization of CHINESE ★ DREAM

MA HUATENG

時価総額アジア1位

テンセント帝国を築いた男 馬化騰

Lin Jun　Zhang YuZhou［著］

高橋 豪　ダンエディ［訳］

日本僑報社

目次

第一章

馬化騰という男

馬化騰は「中国のビル・ゲイツ」である。万能ゆえに「憎まれ役」ともいえるテンセントは、マイクロソフトとよく似ている。製品の技術は最先端ではないものの、どこか粘り強さがあり、汎用性が高い。

馬化騰自身の性格もまたビル・ゲイツと近いものがある。恥ずかしがり屋で温和で賢いが、心の内には湧き上がる情熱と、勝利に対する雄大な志を秘めている。両者とも物事を成し遂げるまでは、自らが傷つくまいと慎重に保身を図るが、成功を収めた途端、怖いもの知らずの一面を露わにする。

現在、馬化騰はテンセントの取締役会主席兼CEOを務めているが、それはさておき、別の二つの役も演じている。一つはソフトウェア設計リーダーで、もう一つは精神的支柱である。この点においても、彼はビル・ゲイツそっくりである。

一　深圳での青年時代

馬化騰は一九七一年十月、潮汕地区で生まれたが、幼少期を海南島で過ごした。一九八四年、十三歳の時に両親と深圳に移り住む。この時馬化騰は中学二年生であった。深圳という中国で最も若い都市で馬化騰は少年時代を過ごし、そこで初めて生まれ持った才能をきらめかせた。高校は深圳で一番の名門校、深圳中学校・高校に入学する。大学受験を経ても深圳を離れることはなく、近場の深圳大学に進学した。

深圳大学は中国国内ではごく普通の大学であるが、深圳特区に位置するともあって、驚くべき急成長を遂げている。わずか二十数年のうちに、ビジネス界に多くのエリートを輩出した。深圳大学が力を入れるコンピューターサイエンスと建築工学の二学部は、時の深圳の急速な発展に大きな影響をもたらした。当時の深圳に現れた大企業家のうち、ほとんどがコンピューターか不動産の業界に従事していた。こうして、天文学好きの馬化騰青年も、コンピューターに情熱を持った。そしてたゆまぬ努力を重ねた結果が、自らとテンセントが将来手にする成功である。

二　インターネット開発のリーダー都市、深圳

十三歳で深圳へ移ってから、馬化騰はそこで二十六年間過ごしてきた。馬化騰が中国のインターネット産業界で最も影響力を持つリーダーになれたのも、彼がこの都市に長く身を置いてきたことと深く関係している。

中国電信は、上海、北京以外では初となるインターネットの中心点を深圳に設置し、香港とマカオへのアクセスポイントとした。深圳市がインターネット分野におけるさきがけとなったのも、香港とマカオへのアクセスポイントであったことと大きく関連している。深圳訊業などが中国初のインターネットサービスプロバイダになったほか、深圳では中国初のものを多く生み出されてきた。例えば、中国初のインターネットカフェや、最初のインターネット掲示板が挙げられる。

深圳はもともと香港に隣接した小さな漁村であったが、一九七九年に経済特区として正式に開放された。一九九六年までには既に第二次高度成長期へ入っており、流入移民の新世代は大人へ達していた。一九九五年、九六年前後、深圳に充実したネットワーク環境が

あったことが、後に同国のインターネット業界で上位に立ち続けるための良好な基盤となった。

一歩先を行くビジネス環境、そして開放的な気質によって都市全体とインターネットの相乗効果が生まれた。イノベーションは広がり、豊富な優秀人材資源にも恵まれた。そして香港の資本主義市場との近さ。馬化騰がテンセントを創業する時に、こうした深圳特有の多くのエッセンスとインスピレーションを吸収できたことは、テンセントが将来的に成功を収めるための礎としては申し分なかった。

三　潤迅通信のエンジニア

馬化騰は一九九三年に深圳大学を卒業した後、ポケベル業界では名の知れた潤迅通信に入社した。初任給は一一〇〇元。ポケベル業界は中国の高速通信業界で革新的な部門の一つであり、潤迅通信はタイミング良く、業界を栄えさせた。潤迅通信はその最盛期、年商は二〇億元にも上り、純利益率は三〇％を超えていた。また、当時は深圳で福利厚生が最高の企業と言われており、毎日二万人の従業員に無料の昼食を提供していた。

馬化騰は潤迅通信ではごく普通のエンジニアであったが、彼の視野はそこで広がり、マネジメントにおいて必要な知識も得られた。同時に潤迅通信は、テンセントに最初期の顧客基盤を与えた。テンセント創業後の最初の製品は、ポケベル無線局に対するサービス・パッケージであった。国内で最も有名なポケベル企業で働いた経験により、各地の無線局に元同僚や友人がいたことが、比較的順調な創業期を送られた要因となった。

四　沈着なリーダーシップ

目立った形で表舞台に登場するタイプと比べると、馬化騰は異なる部類に入る。気性を荒げることはなく、人となりは上品で知性にあふれている。しかし何をするにも計画的である。テンセントには集団経営の伝統があり、上下関係や鉄の規律といったものよりも、家族の絆や友情が重視される。従業員は彼を、名字を英語でにしたポニー（Pony）というニックネームで呼ぶ。

馬化騰は自制心に富んでいる。数人の言い争いも、ほとんどの場合、馬化騰が仲介役を果たす。性格的には温和なのである。

他のインターネット業界の大物と比べると、馬化騰はまた別の部類に属する。彼は基本的には雑誌の表紙人物になりたがらず、バラエティー番組や司会者は言うまでもない。彼の単独インタビューはまず見当たらないし、彼に関するエピソードは噂や伝聞によるものが多く、そのほとんどは確証が得られていない。彼と彼が率いる企業もまた、基本的に業界発展の潮流における、新傾向、新動向や新製品をリードしてはいない。テンセント自体は製品のイノベーションの面で多くの成果を挙げているが、宣伝をしていないこともあって、しばしば「パクリ王」と呼ばれてしまっているのだが、実際はそうではないのである。

有名になった後も、馬化騰は変わらずメディアの取材をほとんど受けることはなかった。取材を受けることがあっても、初期のＱＱ（ＯＩＣＱ）とアメリカのＩＣＱとの関係、その後のドメイン名を巡るトラブルや商標の変更、それに続くＱＱへの商標変更のように、多くが企業行為に関するものであった。上場を果たした後はメディア露出を増やしたが、それはあくまでも世間の期待に応えるものであり、自らを注目の的にしようといった言動や行動は一切見あたらなかった。

実際のところ、馬化騰は内心とても野心的であった。彼は、膨大な数のQQユーザーがもたらす収入には満足せず、仮想取引サービスによる革新的な利益にも酔いしれなかった。カジュアルゲーム市場の絶対的な地位に甘んじたり、中規模のゲーム市場の攻略に明け暮れたりもしなかった。ポータルやオンラインオークションの業界で多くのライバルが現れることも、気にかけていなかった。彼が心の中で唯一考えていたことは、自分自身の手のひらに収め、コントロールすることができるQQ帝国を確立させることであった。このように彼は、目立たない言動とは裏腹に、なす事は野心に満ちていたのである。

五　QQを通して見つけたパートナー

QQの今日までの急成長は、すべてユーザーに認められ、口コミで広がって人気が出たことに依存する。このため、馬化騰はユーザー体験にこれ以上ないほど重きを置く。今やテンセントの取締役会主席兼CEOとなった彼だが、毎日一時間はインターネットに向き合い、自社製品に対するフィードバックを見極めている。

馬化騰本人も、QQを通して自らのパートナーを見つけた。このエピソードには、いくつかの説がある。一つ目はテンセントの上場前に、投資家向けにQQでのユーザーの追加方法をプレゼンするため、自分のQQを開いた時に出会いが起きたというものである。三カ月後、彼はこの中国西北部に生まれ、北京で仕事をしている女性ネットユーザーに会うことができた。説によればその後、この女性は馬化騰に嫁ぎ、二人の子をもうけたという。

二つ目の説は、ある日、ある香港のテンセント従業員が深圳に研修を受けに来た時に、QQの使い方が分からなかったので、馬化騰がこの同僚にQQでの友達追加方法を教えるために、QQに登録した時のものである（彼の#10001のアカウントではない）。そこで彼は友達追加の制限を解除し、誰でも自分を追加できるようにした。するとすぐに馬化騰を友達に追加した人がいて、このネットユーザーが後に彼の妻になったという。

こうして見ると、上の二つの説には、どちらも馬化騰が人に操作方法を教えている時に友達に追加され、インターネット上で知り合い、交際を続け、結婚までこぎつけたという共通点を見出せる。

どちらの説を取っても、テンセントのような企業にとっては、創業者が自らの製品がもとで結婚相手が見つかったというのは、メディアに向けても、新たなユーザー獲得にとっても、話題性は十分である。しかしテンセントはこのエピソードを製品のＰＲには一切利用しなかった。このことも、馬化騰本人の性格と関係がある。

馬化騰が唯一目立とうとしたのが慈善活動であった。チャリティーイベントが行われる度に、彼の姿を見つけることができ、決まって馬化騰が前に写っていた。馬化騰がかつてワン基金の創設者李連傑（ジェット・リー）をテンセントに招待した時に、一連のニュース写真が撮られたが、これらの写真はインターネット上に広く流布している。

第二章　馬化騰の仲間たち

どのような友人を持つかによって、その人物の視野や興味分野は大きく決定づけられる。「類は友を呼ぶ」とはよく言ったものだ。

交友関係の広さでいえば、馬化騰は業務以外の友人をあまり多くは持っていない。しかし、彼が友人から受けた手助けやサポートの多さを見ると、馬化騰は非常に縁に恵まれた人であることが分かる。これらの友人や仲間が、まさに彼が起業活動を進める過程での、主要な原動力の一つとなった。彼のコミュニティの数は多くはなかったものの、彼の人生にとても重要な機会を提供し、彼の人生の方向を決めるのを手助けた。

一　CFido上の「ポニーソフト」

馬化騰の最初のコミュニティは、CFidoでのものである。CFidoは中国Fidoネットのことであり、Fidoネットとは、当時のネット電子掲示板ユーザー同士を、電話回線を介して繋げたネットワークである。このネットワークでは、文書はポイントツーポイント転送に基づいて交換され、現在馴染みがあるTCP／IPプロトコルによる接続するインターネットとは異なるものであった。ＦｉｄｏはFido.comの創業者が飼っていた犬の名前に由来している。

馬化騰もまた、初期のＣＦｉｄｏの愛好家の一人であった。彼はポニーソフト(Ponysoft)というプラットフォームを立ち上げた。ポニーは彼の英語名で、ポニーソフトは馬化騰のソフトウェアプラットフォームを意味する。彼は自分の名前にちなんで命名したポニーソフトをとても気に入っており、深圳の地元紙に、ＣＦｉｄｏを紹介する記事を寄稿さえもした。この記事の中で馬化騰は、自らのプラットフォームを、深圳を代表するものであると巧みに推奨した。

馬化騰が一九九五年三月に立ち上げたポニーソフトのプラットフォームは、国内では最初の四レーン（すなわち、四本の電話回線）プラットフォームだった。一九九五年に一本の電話回線を申し込む価格は八〇〇〇元にまで下がったが、当時からするとまだ天文学的数字のような金額だった。馬化騰はそれにも対応して五台のコンピュータを置き、各電話回線に一台のパソコンを接続して、ユーザーがダイヤルインアクセスできるようにした。うち一台は、他の四台のコンピュータを統合管理するためのサーバーとし、五台のコンピュータでローカルエリアネットワークを形成させた。コンピュータと電話回線への一次投資は五万元を超えると推定された。これは当時の馬化騰の二年分の収入に相当した。

李宗樺は馬化騰と同じく、深圳ＣＦｉｄｏの風雲児であった。二人が顔を合わせた時、国際ＦｉｄｏとＣＦｉｄｏの違いについて意見交換したが、開拓すべき新領域があることを互いに確信した。二人の若者はこうして旧友の様に意気投合した。その後李宗樺は、ポニーソフトの副管理人にこそならなかったが、サイトの管理者パスワードを共有してもらい、ユーザーの質問への回答や管理業務の面で馬化騰の手助けをすることができた。

李宗樺は、自分と馬化騰は異なるタイプの人間であること気付いた。例えば、サイトのユーザーから招待を受けると、李宗樺はよく古くからのユーザーに応じるが、馬化騰は新しいユーザーを相手にすることが多い。李宗樺はユーザーとチャットしたり、話を言い聞かせたりすることを好むが、馬化騰は逆にユーザーからサイトにどのような問題があり、どのように改善されるべきかを聞くことを好む。当時から馬化騰は、ユーザー体験を最適化する意識の高さがあり、彼が将来成功するための秘密兵器の一つとなった。

二　求伯君と丁磊

馬化騰は他にもＣＦｉｄｏで、後に中国のハイテク産業やインターネット産業の大物となる何人もの友人と知り合った。一人目は珠海の求伯君である。珠海は深圳と海を挟んで近くにあることに加え、前に深圳で仕事をしていたこともあったため、求伯君はよく深圳にやってきた。求伯君は陽気ながら彼の友達に非常に誠実であり、深圳に来る度にいつも友人を呼び出していた。深圳のＣＦｉｄｏで最大の公共電子掲示板（ＢＢＳ）を運営する馬化騰もまた、求伯君がよく会う友人の一人であった。

馬化騰がＣＦｉｄｏで知り合ったもう一人のインターネット業界のリーダーが丁磊である。馬化騰は多くのインタビューで丁磊を、起業した当初に酒を酌み交わし、苦楽を分かち合った親友であると話している。

テンセントの創業について、広く語られている説の一つが、丁磊が無料のメールボックスで勝負に出て成功を収めたのを見たことで、ＣＦｉｄｏで交流を始めるようになり、同じように電気通信の分野に興味を持っていた馬化騰が刺激を受けたことがきっかけであるという説である。

この説は高い信頼性をもっている。

丁磊はテンセントの創業当初にも手を貸しており、ＯＩＣＱの誕生には丁磊が密接に関わっている。ＯＩＣＱはもともとテンセントが広州電信のユーザーにインターネットへの即時通信サービスシステムを提供するために受けた注文に始まった。この受注を勝ち取るために、馬化騰と曽李青は、旧友で網易（ネットイース）のＣＥＯであった丁磊に協力を要請した。丁磊は無料メールボックスのシステムとドメインを売ったこともあるほど、広州電信と深いつながりがあったのである。

三　技術の天才・張志東という同級生

ＣＦｉｄｏの友達を除けば、馬化騰の社交範囲は主に同級生や親戚で構成されていた。しかし馬化騰が他者と違うのは、早くから自分が所有する会社を創業したいというビジョンを持ち、積極的にそのための計画を立て、自らのコミュニティから協力し合えるパートナーを見つけ出したことにある。馬化騰の初めてのパートナーは、深圳大学の同級生である張志東で、二人ともコンピュータサイエンス学部に在籍していた。

張志東はコンピュータの天才であった。二人とも深圳大学コンピュータ学部では技術的に抜きん出ていたが、張志東はその中のトップであった。

QQの構造設計は一九九八年、まさに張志東によって完成された。十年以上経った今、ユーザー数は設計当時の数十万から、億単位にまで伸びた。しかも構造全体は現在でも通用するとあって、並大抵でないことを通り越して、もはや不思議である。

張志東は頭が切れる上に、技術マニアであり、テクノロジーで人々の生活を変えたいと心から願っていた。ある時、彼は政府のユーザーのためにネットワークの設置をしていた。ところが、彼が力を尽くして全ての機能を設定し終えても、相手先はその内のほんの一部の機能を使うのみであった。このことに張志東は大きくショックを受けた。彼はそこから強くユーザー体験を意識するようになったのである。こうしてテンセントは、始めからユーザーを強く引き付けて留めておくための顧客志向を持つようになった。

四　市場の奇才・曽李青

馬化騰と張志東が起業してから一カ月後、テンセントの三人目の創業者、曽李青が加わった。曽李青の加入により、馬化騰と張志東という技術専門のチームは、より市場やユーザーにも目を向けるようになった。テンセントに入る前、曽李青は深圳電信で働いていた。彼は深圳のインターネットを突き動かした者の一人であり、深圳ないし中国で初めてブロードバンドを備えた集合住宅を作り上げた人物でもある。

曽李青はテンセントの五人の創業者の中で最も自由奔放で、情熱的で、カリスマ性が強い。温厚な馬化騰と、技術マニアの張志東と比べると異なるタイプの人間である。

曽李青の記憶によれば、彼ら三人が会社設立についての会合を行ったのは、深圳電信の小さなオフィスであったという。彼らは簡単に役割分担をし、馬化騰は戦略と製品、張志東は技術、曽李青は市場取引を担当するとした。

外見的には、曽李青は馬化騰よりも上司らしく見えるのは確かである。二人の身長はほぼ同じであるが、曽李青の方がはるかに福々しく、身なりもビジネス向きで、さらには言語表現やコミュニケーション能力も明らかに上である。そのため、二人が一緒に商談に赴けばいつも、曽李青が上司であると間違われる一方、見た目が男子大学生のような印象を与える馬化騰は、会社の運営助理あるいは秘書であると思われることがしばしばあった。

五　最高の専門人材・徐晨曄と陳一丹

テンセントの創業株主は、馬化騰、張志東、曽李青、徐晨曄、陳一丹の五人である。初期メンバーは馬化騰、張志東、曽李青の三人で、一九九八年の年末になって、許晨曄と陳一丹が加わった。

五人は合わせて五〇万元の資金を調達した。そのうち馬化騰が二三・七五万元を拠出し、株式の四七・五％を占めた。張志東は一〇万元で二〇％を占め、曽李青は六・二五万元で一二・五％を占めた。残りの二人がそれぞれ五万元で、株式の一〇％ずつを保有した。何度かの変更を経て、五人が最終的な持ち株比率は当初のわずか三分の一にまで減ったが、それでも彼らの個人資産はまだそれぞれ一億元以上の価値がある。

後にテンセントの最高情報責任者を担う許晨曄は、馬化騰や張志東と深圳大学コンピュータ学部で同級生であった。張志東と同じく、許晨曄も深圳大学の卒業後、南京大学大学院に進学した。そこでコンピュータを専攻して修士号を取得した後、深圳電信のデータ部門に就職し、曽李青とは同僚であった。許晨曄は他人と折り合うのが上手である。自分の観点も持っているが、軽々しくは言い表さなかったため、お人よしとして知られていた。彼の最大の趣味は人と話をすることであり、多趣味な人物でもある。

もう一人の創業者は、後にテンセントの最高経営責任者を務めた陳一丹である。

陳一丹は、深圳大学化学部を卒業後、出入国検査と検疫の職に就いた。就職後まもなく、南京大学で経済法を専攻し始め、三年後に修士号を取得するとすぐに、弁護士資格を取った。陳一丹は非常に慎み深い性格であると同時に、社交的な人物でもあり、どのような状況でも周りの人々の熱意を巻き起こすことができた。

起業にあたって、一匹狼ではなくチームワークを重視することは、一九九八年にはすでに共通認識となっていた。ただ馬化騰のように、自分と性格が完全に異なり、得意分野も人それぞれというチームを組んで起業する例はほとんどない。また、さらに目を見張るべき点は、馬化騰がチームの責任、権力および利益を周到に設計していたことにある。

六　テンセントの他の創業株主たち

テンセントは中国のインターネット業界の中で創業者を最も多く擁する企業であるが、前述の五人はまだ全員ではない。テンセントが香港で上場する前に公表した文書によると、テンセントの個人株主は少なくとも十二人もいる。

テンセントの中でも、設立メンバーに関する基準は数種類あるが、その一つは出資者であるかどうかである。すなわち、テンセントの上場文書で開示された十二人の創業株主のことである（その後加入した人々が保持するのは株ではなくストックオプション）。この十二人のうち、劉暁宗と林建煌は投資仲介人として加入した。この二人と前に紹介した五人の創設者の他にも、現在もテンセントの幹部を務める李海翔と呉宵光、そして徐鋼武、黄業鈞と貢海星の三人がいる。

徐鋼武もテンセントの初期創業者の一人である。彼はテンセントQQサーバーの責任者で、典型的な技術者である。普段は寡黙だが、一旦技術的問題を議論し始めると、別人に変貌する。

中山大学コンピュータ学部出身の黄業鈞もまた技術マニアである。彼は呉宵光、陳泱と一緒にクライアントを担当している。呉宵光がその責任者で、黄業鈞と陳泱は技術面のバックボーンである。黄業鈞は映画好きで、彼はいつも別の創業者の馮磊と映画について語り合う。特に「スターウォーズ」が話題に上ることが多い。しばらくの間、彼のネットでのユーザー名はジェダイになっていたことからも、「スターウォーズ」が彼にどれほど大きな影響を与えていたかが伺える。

テンセントの十二人の個人株主の中で最も興味深い経歴を持つのが、貢海星である。彼は馬化騰と家族ぐるみの友人であり、同じ深圳大学コンピュータ学部の出身である。卒業と同時に、馬化騰の口車に乗せられてテンセントに引っ張られてきた。彼の名前である海星は星の名前であり、天文をこよなく愛した彼にぴったりの名前であった。この趣味は馬化騰と同じものであった。

貢海星はすでにテンセントを離れており、今では気ままに趣味である天文関連の仕事に従事している。「飛碟（ＵＦＯ）探索」（英語名 Flying Saucer Investigations）等の雑誌では、しばしば貢海星が星空を眺めて書いたエッセイを見かけることができる。彼は一万元を超える天体観察機材を頻繁に購入しているが、テンセントの個人株主という身分が彼にこの贅沢な趣味を享受するための経済的なゆとりを与えている。

七　創業期にテンセントに移ってきた従業員たち

テンセントの従業員で最初の「外様」が李華である。李華はテンセントが招聘した最初の他地域からの大学生である。二〇〇〇年、大学四年生で在学中の彼は、テンセントの門を叩きに、華強北オフィスにやってきた。学校でも風雲児であった彼は、当校のコンピュータサークルの幹事長を務め、学業成績も素晴らしく、専門分野も一貫性があり、人柄も活発であった。また、サークル経験も豊富で、手先も器用、プレゼンテーション力にも秀でていた。こうして彼は社員番号一八として、順調にテンセントに入社した。

実は、李華は当時、深圳発展銀行やファーウェイを含む多くの企業からオファーを受けていた。しかし、最終的に李華は、いつ潰れてもおかしくないと思われていた小さな会社を選んだ。今日に至っては、李華が当時したこの選択には、本当に先見の明があると感慨せざるを得ない。李華自身は当時、これといったキャリアプランを持っているわけでもなく、一筋の情熱に突き動かされたのだと振り返る。だから彼はファーウェイのような大企業を人生の出発点として選ばなかった。彼は直感的に、当時のテンセントの看板製品のOICQはユーザーの高い需要を満たすことのできる良い製品であり、もしこの企業が短命に終わったとしても本望であると感じていた。そして、李華にとってテンセントの創業者同士の仲がとても親密だったことはさらに印象的であり、馬化騰、張志東、曽李青など多くの創業者の親しみやすい態度と起業に対する情熱にも魅せられたのである。

李華は二〇〇八年、テンセントのオリンピック戦略の実施後に離職した。彼はテンセントとの紳士協定を守り、インターネット業界では働いていない。

馮磊は社員番号二〇の従業員である。彼は一九九八年に重慶の大学を卒業し、まず重慶天極網で働いていたが、テンセントの編集者募集の知らせを受けて馬化騰のOICQアカウントを追加し、そこでテンセントの編集者の募集要項と給与を確認してから、テンセント行きを決めたのであった。

馮磊はテンセントが招聘した初の編集者兼ＵＩ（ユーザーインターフェース）デザイナーである。二〇〇〇年春に入社した彼は、テンセント公式サイトのトップページの初代デザイナーでもある。このホームページをデザインする過程では、馬化騰のユーザー体験を重視したり、同僚から学べるところは学んだりして、それを基にしてそこを超えていくというスタイルは、どれも馮磊に深い印象を残した。かなりの年月が経った今も、馮磊は改訂会議で馬化騰によって提起された鋭い質問の数々がいつまでも忘れられなく、馬化騰のこうした緻密な仕事ぶりは、今でも馮磊に影響を与えている。

八　五人の意思決定グループ

テンセントの創業当時、意思決定は五人によって行われており、その組織は四つの部門に分かれている。馬化騰を除いた四人の創業者はそれぞれ一つの部門を担っていた。張志東はクライアントアプリケーションとサーバーに分類される研究開発部門を担った。曽李青はマーケティングと運営を担当し、主に通信キャリアと協力して、外周りをして受注プロジェクトを取り付けてきた。陳一丹は人事、内部監査といった行政を担当した。許晨曄は対外的な役割を果たす部門を任された。

この組織構造に対応した意思決定体系はとても驚くべきである。創業当初、行政と財務を担当していた陳一丹と、営業収入を担当していた曽李青は、組織構造の中で対立しやすく、二人の間ではよく論争が起こっていたが、これらは物事に対するもので人に対するものではなかった。この時、張志東はしばしば第三者の意見を述べる。張志東は技術の出身なので、彼に反対する人からすると多少偏って見えるが、一つ認めるべき点は、張志東は道理が分かっているということである。当然この道理は彼の考える道理である。つまり、曽李青と陳一丹が論争している時、張志東は彼の思考に基づいて立場を決めるのである。許晨曄に至っては、「ミスターお人よし」な性格ゆえ、全体の意思決定体系のバランスをとってくる。ほとんどの場合、彼は多数派の側に立つか、まず立場を明らかにせず様子見をする。最後に意見を述べるのはいつも馬化騰である。彼は多数派グループに付いて決定打を放つか、あるいは二対二の時にキャスティングボートを握る。ただ、この状況は多くはなく、より多いのは許晨曄が棄権をして二対一になった時に、自分の一票で三対一にするパターンで、いずれにせよ決着の一票を投じるのである。

振り返ってみると、馬化騰が当初三人でなく五人で共同起業することを選んだことが、いかに賢明で正しかったということが分かる。もし馬化騰、張志東、曽李青の三人だけであったならば、意見の相違が発生すると、いとも簡単に分裂していたかもしれない。これは特に馬化騰、張志東と曽李青という独断的な性格の持ち主達ならばなおである。

業務の拡大に伴い、二〇〇一年にテンセントは二回目の組織再編を行い、RとMの二つのラインを並立させ、他の部門でそれをサポートする体制を構築した。Rラインは張志東率いる研究開発ラインであり、Mラインは曽李青率いる市場ラインである。この調整によって、曽李青と張志東の強みと地位が強調され、同時に両者のパワーバランスを整えることができた。

二〇〇六年、給与システムの調整に伴い、テンセント内部ではまた大規模な組織再編が行われ、「四横四縦」の構造に変化した。「四横（四つの横）」は、四つのサポートシステムのことであり、一つは運営補助システム、一つは革新的な研究開発システム、一つは行政機能部門のシステムであり、もう一つは従業員のキャリア成長システムである。「四縦（四つの縦）」は、四つのプラスのキャッシュフローを生み出し、資本市場とも密接に関連しているビジネスユニットであり、それぞれモバイルインターネット、インターネット付加価値サービス、オンライン広告、双方向エンターテイメントを指す。

ただし、どのように調整したとしても、馬化騰は常にテンセントの運命を把握、コントロールしてきた。この口が堅く控えめな潮汕地方出身の青年は、テンセント発展の中心に居続け、一度たりともぶれることはなかった。

第三章　馬化騰のライバルたち

中国のインターネット業界のリーダーには一つの共通点がある。彼らは皆、成功を収める前には多くの困難に直面し、その度に崖っぷちからの起死回生を果たしているのである。馬化騰も同様に、嵐の後に虹を見たインターネット業界のリーダーの一人である。

前もって説明しておくと、本章で取り上げるライバルとは製品ではなくむしろ人である。例えばＰＩＣＱやＩＣＱはテンセントを困らせたのだが、厳密にはあくまでテンセントのライバルとしかいえず、馬化騰のライバルではないのである。

一　龐昇東——「女性の神秘」から51.comまで

まずは51.comのＣＥＯであり、デビューして間もなく馬化騰のライバルに成り上がったインターネット業界の新星、龐昇東を紹介しよう。

龐昇東は一九七七年に浙江省天台県の農村に生まれた。寧波大学に合格するまで、彼はずっと天台県から足を踏み出したことがなかった。一九九八年三月、龐昇東は大学卒業前にも関わらず、馬雲が立ち上げた中国イエローページの営業担当者を務めた。九カ月後の一九九八年十二月、彼は中国イエローページから寧波市情報センターに移ったが、具体的な業務は依然としてインターネットと関連しており、主にインターネット上でのファイナンス情報のリサーチを担当した。

一九九九年五月、龐昇東は成人向けコンテンツを主とする初めての個人ウェブサイト「女性の神秘」を立ち上げた。彼は当時有効的だったスパムメールを通して「女性の神秘」の宣伝を行い、一万ドル以上の広告費を稼いだ。

二〇〇〇年の初め、彼は証券ウェブサイトを立ち上げた。宣伝には流行中のメーリングリストｃｎ９９やバナー広告、掲示板を用いた。二カ月の試験運用を経て、このモデルが上手くいくと感じた彼は、二〇〇一年四月に寧波市情報センターを退き、起業の道を進んだ。

二〇〇五年三月、証券と不動産で最初の財を成したと自称する龐昇東は、新たなビジネスチャンスを求め、一家で上海に移り住んだ。ほどなくして、彼は九八万元で蔡文から51.comというドメイン名を買収した。この価格は、当時の中国のドメイン売買額の最高値を更新した。

二〇〇五年八月十八日、十五歳から二十二歳の若い女性にターゲットを絞った出会い系ウェブサイト「我要網」（I-Want-Net）を正式に51.comにてリリースした。

ある日、龐昇東はテンセント本部の見学に招かれ、そこで馬化騰を含む経営陣と交流を行った。その直後、龐昇東は「複雑な気持ちになり、何日も眠れない日が続いた」という。以来、ＱＱ（テンセントのメッセージソフトウェア）は彼の手本となり、彼はそれから随分と学びを得た。

51.comは、テンセントに追い付き追い越すため、テンセントから直接人材を引き抜いたほどであった。51.comが割く給与と福利厚生は、テンセントの同職を一五％上回っていたという。テンセントが欲しい人材に対しては、航空券を出してまで深圳から上海まで呼び、移籍の面談を行ったのである。テンセントの従業員は空港を出ると、用意されていた送迎車でホテルに向かったという。二〇〇八年末の時点で、すでに数十名のテンセント従業員が51.comに移籍したのである。

テンセントは、51.comが様々な程度で模倣を行うことを、そして一部の機能では自身を超えることさえも許容した。しかし、最も重要な部分であるＱＱのチャット機能には、手出しをさせなかった。

51.comはそれでも、ＱＱを基にしたプラグイン機能「レインボーＱＱ（彩虹ＱＱ）」を開発した。プラグインとは、メインプログラムに付随した外付けのプログラムである。テンセントと馬化騰はこのことにひどくショックを受け、51.comを敵対視するようになった。

二〇〇六年、北京市海淀区人民法院は、珊瑚虫ＱＱに対し、テンセントに十数万元の賠償金を支払うよう命じる判決を下した。このことは、その他のＱＱの模倣品の開発者に対する警告でもあった。テンセントの全面的な勝利である。

二　テンセントと千橡との間の出来事

ライバルとの争いにおいて、テンセントは法律を盾に防衛策を講じることを得意とした。

二〇〇六年、「人人網」で知られる千橡互動集団（オーク・パシフィック・インタラクティブ）と裁判及び舌戦を繰り広げる中、馬化騰のもう一人の終生のライバルである陳一舟が登場した。

陳一舟は、一九八七年に武漢大学物理学部に入学し、大学二年を終えた後アメリカのデラウエア大学に留学した。一九九三年にマサチューセッツ工科大学機械工学大学院に進学。自動制御と創造設計理論を専攻し、多くの学術論文を発表した。一九九五年、同院の修士課程を修了すると、一九九七年にはスタンフォード大学でMBAと電気工学のダブルディグリーを履修。一九九九年六月にスタンフォード大学商学部のMBAを取得した。

二〇〇二年末、テキサス州の三人のエンジェル投資家（創業まもない企業に投資する個人投資家）から数十万ドルの融資を受けた陳一舟は、帰国して千橡互動集団を起業した。参入が遅すぎたため、業績もトップレベルには届かず、陳一舟は窮地に立たされた。

自力では成功できないと見た陳一舟は、買収を画策した。彼はまず、持っていた捜狐の株を手放し、香港の資本市場に打って出てテンセント株を投機目的で売買し、二度繰り返し儲けたところで金持ちに成り上がった。こうして金で金を生むことを覚えた陳一舟は、これを繰り返すようになった。

その後も、陳一舟は留まることを知らず、立て続けにゲームフォーラム、教育関連サイトおよび小規模のサービスプロバイダ数社を千橡に取り込んだ。

同時に、千橡はショートメール市場ではテンセントに及ばないものの、トップレベルの仲間入りを果たした。

二〇〇六年六月中旬、テンセントは千橡とその傘下のウェブサイトＤｏＮｅｗｓを提訴し、両被告がＤｏＮｅｗｓ上の名誉棄損にあたる書き込みを削除し、原告に謝罪し、悪評を取り払い、五〇万元の損害賠償を支払うよう求めた。

テンセントの訴えに対し千橡は、以下の通り公式声明を発表した。「ＤｏＮｅｗｓは自由に交流するプラットフォームであり、テンセントを含む全てのユーザーの発言の権利を尊重し、意見が対立する両者が自らの観点を十分に表現できる空間であるため、ＤｏＮｅｗｓは、事実無根であることが証明できなければ、いかなるユーザーの書き込みも削除する権限はない。また千橡グループもＤｏＮｅｗｓも、テンセントが当書き込みに対し虚偽であるとする説明や証明を受けていないにも関わらず、テンセントの厳しい叱責や、恐喝ともとれる訴状を受け取ったのである」

この裁判は実際には行われることはなく、無期限棚上げとなった。もしかすると、テンセントは法律に訴えて提訴するという方法に頼り、相手への意思表明を行っているだけなのかもしれない。

三　馬雲と馬化騰

馬化騰とアリババ創業者の馬雲が初めて比較対象に挙げられたのは、二〇〇四年に中国中央テレビ（CCTV）が放送した「中国経済界今年の人」という番組においてであった。その年は選定の結果、馬化騰と馬雲は二人とも入選を果たした。馬化騰は新人賞としてであったが、馬雲はさらにワンランク上の、「今年の人」の栄冠に輝いた。

注目度に対する追求という点で、馬雲と馬化騰は劇的に異なるタイプにあるといえる。馬雲は、人前に出て話す機会を決して手放そうとせず、草の根起業家としてこうした対外活動を行う。彼はとても雄弁であり、なす事が議論を呼ばなくても、論争が巻き起こるよう願うような人物である。そのため彼に関するエピソードは絶えず、こうした人は往々にしてメディアの注目を浴びることになる。

ところが馬化騰は真逆であり、自ら進んで記者のインタビューを受けることはほとんどない。仮にどうしても避けられないという状況であっても、彼は渉外部が事前に準備した段取りに従って、原稿を読み上げるだけであった。

　そんな客観的な印象も行動の風格も似つかない馬化騰と馬雲だが、中国インターネット業界を統一させ、中国のビジネス界全体にまで影響を与えたいという野望と抱負には、同じものがある。そして彼らは、まさに計画に沿って一歩一歩、夢の実現に向かっているのである。

第四章

馬化騰を助けた投資家たち

テンセントは今や世界で最も高収益のインターネット企業の一つであり、中国でも収益性、年商、市場価格ともに最高の企業の一つである。このような企業は疑いもなく最強の投資価値を有しているわけだが、創業当初からその価値を見出せた人はそう多くはなかった。

一 エンジェル投資家——劉暁松と林建煌

一九九九年末、中国国際ハイテクフェアに参加した数人のテンセント創業者は、会場内の盛り上がるハイテク投資熱に影響を受け、一部の株式を投資家からの融資を呼び込むために開放した。

曽李青は今でこそ中国で最も目立ったエンジェル投資家の一人となったが、当時は融資ルートをあまり持っていなかった。誰か他の投資家に仲介してほしいと感じた彼は、真っ先にテンセントと個人的な繋がりを持つ劉暁松を思いついた。

劉暁松は数人のテンセント創業者と懇意にしていた。しかし、当時自らのシステムインテグレーション企業を経営していた資産家の劉暁松でも、いきなりテンセントに対して大量の投資を行うことはできなかった。劉暁松は曽李青に別の投資家を紹介すると言ったが、それでも曽李青は喜び、どんな融資でも五％を株式として劉暁松に還元することを合意した。劉暁松は早速、アメリカのベンチャーキャピタルＩＤＧにテンセントを推薦した。同時に曽李青は香港盈科（ＰＣＣＷ）の林建煌を頼り、ＰＣＣＷに投資を促すよう求めた。ＰＣＣＷはちょうど中国大陸の電気通信事業者への進出を図っており、テンセントをその相手として気に入った。なぜならテンセントの創業者グループには電気通信出身の人が多く、業務モデルもバーチャル通信事業者に移行しつつあったからだ。彼らはテンセントを、中国大陸の電気通信市場への橋渡しにしようと考えたのであろう。

こうした偶然が重なり、ＩＤＧとＰＣＣＷの両社からも、投資の申し入れがあったのである。

二　ＩＤＧとＰＣＣＷが二〇%ずつの株式を保有

このように、良好なバックグラウンドを伴う資金が入ってきた。テンセントは資金不足から解放され、創業者は株式保有割合の過半数を維持できたため、彼らはこの資金獲得を歓迎した。こうして、二〇〇〇年前半までにテンセントが第一段階の融資を完了した後、創業者が六〇%の株式を占め、ＩＤＧとＰＣＣＷは一一〇万ドルずつの出資で、それぞれ二〇%の株式を占めた。テンセントは融資を受けて、サーバーやブロードバンド等のハードウェアを改善させると同時に、ＯＩＣＱのソフトウェアの開発作業を加速させた。すぐにＯＩＣＱは、同類の製品では群を抜くほどとなった。

二〇〇一年春、ＯＩＣＱはＱＱに改名し、ＱＱのユーザーは十万を突破した。ＱＱが急速に成長を遂げた期間は、馬化騰にとっては時間の流れが速く感じられたようである。あっという間に月末の給料日を迎えたが、当時テンセントはほとんど収益を上げていなかったため、融資額の二二〇万ドルがどんどん減っていくのを横目に、二度目の資金難に陥ったのである。

三　MIHがテンセントの新たな株主に

ＩＤＧとＰＣＣＷの両株主は一〇〇万ドルのローンを提供したが、これは誰もが分かるように救済のための資金であった。この資金を使い果たすようなことがあれば、馬化騰とその起業仲間は株式を割譲し続けるか、撤退を余儀なくされるのである。馬化騰にとって、人生で最も困難な日々であった。そんな時、一人の碧眼、鼻高の外国人が絶えず当時の華強北工業団地の事務所に出入りしていた。この人には網大為という面白い中国名があり、南アフリカの投資会社ＭＩＨの中国業務発展部の副総裁として、中国のインターネット戦略とＭ＆Ａを担当していた人物である。

網大為はずっとＭＩＨにとって価値のある投資先を探していた。網大為は、中国のインターネットカフェのどのデスクトップにもＱＱのプログラムがあることを発見し、ＱＱを擁するテンセントは将来偉大なインターネット企業になると感じた。多くの人々がＱＱを通してインターネットにアクセスしているため、こうしたユーザーを上手く利用すれば、テンセントの潜在力も間違いなく増すだろう。網大為をさらに驚かせたことは、彼の投資を受けたいとやって来るどの企業の名刺にも、QQアカウントが記されている。このことも、網大為がテンセントへの興味を増幅させた。

二〇〇三年八月、テンセントは上場計画を始動させると、MIHはIDGから残っていた八〇〇万ドル分の株式を買収し、うち半数を創業者グループに贈与した。こうして株式保有割合を一から調整し直し、上場前には、MIHと創業者グループで五〇%ずつの株式を分け合うという持株構造が完成した。

テンセントは融資を受ける過程で紆余曲折を経てきた。しかし注目すべきは、気付けば上場前には、ほんのわずかの差であっても、創業者グループが終始最大株主の地位にあるということである。

四　香港での上場

二〇〇四年六月十六日は、テンセントにとって記念すべき日である。この日、テンセント株式会社（証券コード700.HK）は、香港証券取引所に上場し、正式に取引を開始した。公開価格は一株三・七〇香港ドルであり、時価総額はすぐに六二・二億香港ドルまでに上った。上場当日、テンセント株価の最高値は一株四・六二五香港ドルに達し、公開価格を二五％上回った。終値は一株四・一五香港ドルで、初値比一二・一六％増。取引総額は一九・四七億香港ドルであった。

五　ゴールドマン・サックスの参入

ゴールドマン・サックス（Goldman Sachs）とソフトバンク（Softbank）、ＩＤＧキャピタルは、長年中国のインターネット業界の三大出資者として知られてきた。その中、ソフトバンクとＩＤＧキャピタルは初めからエンジェル投資の形で関与しているのに対し、ゴールドマン・サックスは株式公開間際の一押しをすることが多い。

ゴールドマン・サックスアジア銀行の電気通信、メディア、科学技術部門の劉熾平は、同行の代表として、テンセントの上場プロジェクトを受注しようとしていた。そのためには、馬化騰にテンセントが香港で株式公開することを説得する必要があった。テンセントが香港での上場を選択しさえすれば、自ずとゴールドマン・サックスのアジア投資銀行が好まれると考えた。だが当時は、インターネット企業は株式上場市場としてまずアメリカを挙げる時代であった。中国の一流インターネット企業である新浪（シナ Sina）、網易（ネットイース Netease）、捜狐（そうふ Sohu）は、どれもアメリカから上場している。二〇〇四年に海外で上場した中国インターネット企業九社のうち、テンセントだけが香港での上場を選択したのである。

香港の優位性は、深センとは目と鼻の先にあることである。起業家として、馬化騰はこの地理的優位性をできるだけ生かし、香港の資本市場とのつながりを強めた。広東省ないし中国全土の、テンセントの成長を見込む多くの投資家にとっても、比較的便利にテンセント株の売買を行うことができた。

テンセントは最終的に香港で株式公開することを選択した。一説では、馬化騰は劉熾平のこんな一言に感化されたのだという。「確かに香港はアメリカと比べて益回りが低いが、テンセントがハイテク株のリーダー銘柄になったら、どれだけ高値になるかな?どう変わるかな?」

六　劉熾平の降臨

しかし、すべてが順風満帆とはいかなかった。上場当初、香港の資本市場はテンセントに対して十分に理解、評価していなかったため、株価は低水準で推移した。こうした中、テンセントは劉熾平の助言のもと、二〇〇四年末までに四・四一億元の利益を達成する公式声明を発表した。四・四一億元の利益を挙げれば、テンセントは二〇〇四年に最も収益性の高いインターネット企業の仲間入りを果たす。しかも二〇〇四年末に一一億元の売上高を達成したとなれば、テンセントの純利益率は四〇%にも上る計算になる。この数字は伝統的な業種においても、驚くべきものである。

二〇〇四年末、テンセントは投資家との約束に応え、予想の年間営業利益四・四一億元を上回る、四・四六七億元の純利益を挙げた。しかし、資本市場の需要に基づき予想収益を設定する手法は、テンセントに対する大きな反感を招く結果となった。

二〇〇五年の旧正月直後、劉熾平はテンセントに入社した。元ゴールドマン・サックスの投資マネージャーが加入したことで、香港の多くの機関投資家はテンセントの将来に対して、さらに楽観的に捉えるようになった。その上、劉熾平は香港の資本市場における広い人脈を持っており、機関投資家と多くのコミュニケーションが取れる。そうすることで、テンセントが直面する困難をより深く理解させ、解決策も提示してもらえる。テンセントはこうして最も困難な時期であった二〇〇五年に、息抜きの時間を過ごせたのである。

テンセントの成功には多くの幸運が重なっている。ゴールドマン・サックスがテンセントとともに、香港の資本市場で合理的かつ合法的に広報活動を行うことを望んだのも、成長へ向けた重要な要因の一つである。

こうした成果が表れ、二〇〇六年以降、組織と経営体制を再編したテンセントは飛躍を遂げ、再び高度成長期に突入した。株価も右肩上がりとなり、まず三〇香港ドル、その後七〇香港ドルという高値にまで達した。こうしてテンセントは、香港の民間ハイテク株の頂点に上り詰め、香港ハンセン株価指数にも名を連ねた。

第五章　プロダクトマネージャーとしての馬化騰

一 「チーフモニター」馬化騰

馬化騰が一番気に入った肩書は「チーフモニター」である。これは他の企業には未だかつてないオリジナルのポストであろう。

当然、馬化騰のこの「チーフモニター」は「チーフソフトウェア建築士」に近い。レゴブロックのマニアのように、彼はプラットフォーム戦略を細部まで事細かに練り上げ、三~五年後にどの部分で増収が見込めるのかを見極める。総合的な計画を基に、それぞれの業務をいつ、どこに配置し、どのくらいの空間を占めるのか。企業のウィークポイントはどこにあるか、またそれをどう補うか。彼の脳内ではスーパーコンピュータのようにこれらのことが計算されている。

また、馬化騰は暇さえあれば、発表直前の新製品を体験したり、国外のウェブサイトにはどのような真新しいサービスがあるのかを探ったりする。そしてインターネット掲示板にアクセスしては、中国のネットユーザーのトレンドを調査する。新作のオンラインゲームも遊んでみる。馬化騰は、ユーザーを引き付けることができなければ、どんな戦略も無駄に終わるということを熟知していた。

二　「三つの問い」でテンセントの加減を見極める

熱心な読書家ではない馬化騰だが、常に慎重に自問自答する「三つの問い」がある。この「三つの問い」は、馬化騰の経営哲学の理念を正確に反映している。

一つ目の問いは、「この新たな分野を、自分は得意としているか」である。ライバルの多くはビジネス、利益や資本に気を払っていても、ユーザーのニーズを本当につかんでいるとは限らない。しかし馬化騰は、インターネット市場に対する憶測好きながらも優れた先見の明があった。変わった趣味と仕事に対する情熱でテンセントの基盤も作り上げた。そして技術を核心とする企業理念を堅持しライバルの一枚上手を行けるように、技術開発と質の向上に没頭した。

二つ目の問いは、「もしそれをやらなかったら、ユーザーは何を損するのか」である。ソフトウェアエンジニアの経験がある馬化騰は、ソフトウェアの開発の意義は実用化のためにあり、エンジニアの自己満足のためではないということをよく分かっている。ユーザーが何を求めているか知っているからこそ、その人たちにとって一番使えるものを開発できる。この問いをすることで、ユーザー体験をさらに際立たせ、テンセントのユーザーファーストの企業文化をも徹底させることができた。

三つ目の問いは、「もしそれをやったら、この新しい分野で自分はどれほど優位に立てるのか」である。テンセントが多くの新しい分野で遅く参入しても優勢となり、業界のナンバー三、ひいてはトップに君臨できているのは、この三つ目の問いと大きく関連している。

世間は長い間、テンセントが多元化に成功したのは全てQQがユーザーを強く引き付けたことと、テンセントの後出し戦略のおかげであると考えていた。しかし馬化騰にとってみれば、この「加減」を見極めることこそがテンセントが成功した重要な秘訣なのである。

三　プロダクトマネージャーと直接向き合う

馬化騰は「チーフモニター」という肩書きだけでなく、自らを最高レベルのプロダクトマネージャーとすることも気に入っていた。馬化騰はテンセントのどの新製品も使いこなせるとの自負があり、何でも体験し、レビューを行うのである。

馬化騰が直々に新製品を尋ねて回るので、テンセントの多くのプロダクトマネージャーは極めて大きな刺激を受けた。社長であっても製品設計やユーザー体験をここまで重視するとなれば、第一線のプロダクトマネージャーは自然といつも以上に研鑽や討論に精を出し、完璧なクオリティを求めるのであった。

馬化騰は製品一つ一つの設計や開発について聞いて回るだけでなく、自ら袖をまくってプロダクトマネージャーの育成を手掛けることもある。

テンセントのプロダクトマネージャーは自分がやかましいユーザーであると思い込むことが求められる。要するに、自分は頭が悪く、複雑なものは理解できないのだと想像する必要がある。同時に彼らには幅広い知識が要求される。サーバーや開発については少し理解し、設計も少しはできるべきだが、より重要なのは、勤勉で、質問ができ好奇心旺盛、顔が広くコミュニケーションができ、苦労を惜しまないという姿勢である。

良いプロダクトマネージャーの条件は、何事にも敏感であり、前もって製品に足りない点を発見し、ユーザーがそれを体感する前に改善できる点にもある。これに対して馬化騰は、製品を毎日利用するという単純ながら有効な方法を提唱する。毎日オンライン掲示板やブログをチェックし、ニュースレターを購読する。これを続けること三カ月、一日に一つ不備を見つけては解決し、少しずつ評判の良いものを目指していく。テンセントの多くの良質な製品はこうした方法で作られてきた。

馬化騰は中国商工業界のリーダーの中でも、最もプレミアムユーザー（彼は種子ユーザーと呼ぶ）の果たす影響力を重視していると言っても過言ではない。自分の製品の評判が口コミで広まっていくことを第一に考えている。馬化騰は社内研修で何度も、「良い製品を作るためには世評が必要で、そのためにはプレミアムユーザーやオピニオンリーダーが注目する点に着目することだ。彼らは数にしては少ないが、本当に良い世評が得られるのだ」と指摘してきた。

馬化騰は双方向通信機能に対して、緻密ながらも見え方は簡潔明瞭となるように熟考する事を求めている。彼曰く、製品担当の人員が出せる力は限られているが、双方向通信機能の内容は非常に多い。そのため、一番良く使われ、やり取りの頻度が最も高い部分に照準を合わせる必要がある。また、ユーザーがスムーズにかつストレスなく利用できるように画一化を行うべきと考えている。すなわち、マウスの移動回数を少なくしたり、ワンクリックで瞬時にカーソルを合わせられたりするなど、細かい感覚や触覚を追求する必要がある。

主要製品に関しては、馬化騰は設計部門や製品のチーフデザイナーと欠かさず討論を行う。そこで彼はいつも、設計案に対して「ここが良くない」、「そこは改善できる箇所だ」などと直接注文を付ける。彼の感覚はほとんどの場合正しいのだが、間違っていても指摘すればよい。設計などの具体的に技術に関わる問題においては、馬化騰は議論を歓迎しており、決して自分の立場を上司だからと言って押し付けたりはしなかった。

四　ドミノ効果

テンセントが誰もが羨むユーザー体験至上型の企業文化を醸成できたのも、馬化騰がドミノ全体の一枚目であったというのが一番の理由である。社長自らが精力的に動き、第一線のプロダクトマネージャーと議論を交わすことで、製品作りに携わる全ての人が自然とユーザーの製品体験を気にするようになった。

またテンセントでは、技術管理チーフの張志東が二枚目のドミノである。技術管理チーフ補佐の熊明華の加入に伴い、QQの後方管理と基礎研究の体制にも専門の管理職ができたことで、張志東は製品計画や製品管理者の育成といった業務に回ることができた。こうして彼は、安全テストの実施時やアクセス集中の発生のような極端な状況下でも、ユーザーの感覚と体験により考えを巡らすことができるようになった。

テンセントのインターネット業務を束ねる高等副総裁の呉宵光が三枚目のドミノである。彼の行動姿勢は、馬化騰や張志東がテンセントを真の持久力を持つ会社へと長期的に成長させようとする姿勢を大きく引き継いでいる。目先の利益にとらわれて、テンセントのユーザー至上主義を損なうような行為は、彼の下では受け入れられることはなかった。

多くの議論において、馬化騰、張志東と呉宵光の意見は驚くほど一致していた。これは、長い年月をかけて形成されてきた同一の価値観のおかげである。

もし競争の中で成長することや、インターネット関連製品の開発設計に従事しながら自己実現を果たすことを望むなら、テンセントは素晴らしい選択肢になるだろう。二〇〇五年以降、テンセントは毎年各大学から一千人を超える従業員を採用しており、その大部分が新卒である。

五　テンセントアカデミー

創業当初、当時の人事部長であった奚丹は、社内に研修クラスを設置し、従業員育成の場とした。しかしこの研修クラスが、テンセントの人材に対する要求に応えられなくなった時、テンセントアカデミーは設立された。

テンセントは、新入社員が元々持っている行動様式を続けることで、テンセント固有の良質な企業文化を薄めてしまうことを望まなかった。新入社員が企業に馴染めるか、企業の文化や価値観に同調できるか否かは、テンセントの採用プロセスだけで決められず、入社後にどのように育成するかにもかかっていた。

テンセントアカデミーは成熟度の違いに応じて、現場管理職と中間管理職向けのレベルの異なる研修プランをデザインした。

どのような従業員がこのプログラムに参加できるか。それはテンセントの将来の幹部選びの基準と共通するものがある。この基準には二つのパラメーターがある。一つは個人の業績と率いたグループの業績である。もう一つは企業の文化と価値観に対する適合度である。つまり企業と一致したビジョンを持ち、周囲のグループや身近な人にポジティブな影響を与えられるかが、最も重要視される点である。この条件を満たさなければ、どんなに業績が良くても無意味なのである。

第六章　OICQからQQへ

一　ＯＩＣＱ——受注失敗によって生み出された製品

テンセントが開発、所有するＱＱは今日のインターネット界を風靡している。しかし馬化騰、張志東、曽李青の三人がテンセントを創業したばかりの頃、馬化騰はすぐにＯＩＣＱプロジェクトに着手したわけではない。他の起業したてのベンチャー企業と同じように、システムを接続させるプログラム作りに明け暮れていたのである。

テンセントも初めはソフトウェア企業であった。ただ他の同業者とは違って、ユーザーにインターネットに基づいたソリューションを提供することを主に行っていた。インスタントメッセージもこうしたソリューションのうちの一つのアイデアに過ぎなかった。おそらく当時ＩＣＱのユーザーだった馬化騰が、一時の気分で事業計画に加えたに違いない。広州電信のプロジェクトを勝ち取るために、彼らはＯＩＣＱを開発したのである。ＯＩＣＱは「中国語インターネットポケットベル」の略称であり、従来のポケットベルネットワークとの相互接続ができ、その通信のインターネットへの応用も可能であった。後にＱＱ

でメッセージの受信音として使われている「ディディ」という効果音も、馬化騰が当時のポケットベルから録音したものである。

ＯＩＣＱのような製品は、サーバー上で大量のデータ量を伴う大掛かりな測定を行わなければならなかった。テンセントのＯＩＣＱも、広州電信のような「実験ネズミ」を必要としていた。最初の実験を成功させなければ、売り出すこともできなくなる。広州電信のプロジェクトを受注できれば、広州電信はＯＩＣＱの実験台にできたのだが、その願いは叶わなかった。

テンセントの創業者たちは、同じ都市にある深圳電信に目標を移した。深圳電信出身の曽李青は、いとも簡単にこの共同プロジェクトの立ち上げの説得に成功した。深圳電信がサーバーとブロードバンドを、テンセントが技術を提供し、共同でプロジェクトを遂行した。これが後のＯＩＣＱである。

二　ＩＣＱを中国語ローカライズバージョンアップ

テンセントのＯＩＣＱはオリジナルのものではなく、ＩＣＱの模倣品として登場した。

ＩＣＱは、一九九六年七月に四人のイスラエル青年が創業したミラビリス（Mirabiles）によって、同年十一月に発表された。インターネット上で初めて広く使われた、ＧＵＩ（グラフィックユーザーインターフェース）のインスタントメッセンジャーである。

ＩＣＱは〝I Seek You〟をもじったものである。当初は、彼らがお互いに連絡を取り合うためのミニプログラムにすることを想定していた。初期のＩＣＱは安定性を欠くものの、多くのネットユーザーからは歓迎された。六カ月間で八十五万のユーザーを獲得し、馬化騰と彼の仲間たちも利用していた。

馬化騰は、一九九七年に初めてＩＣＱを知った時から、その魅力に取りつかれ、アカウントを作成した。しかし彼はしばらく使用した後、英語表示しかないＩＣＱでは中国語圏のユーザーに広めるのは難しいと感じた。そこで、自分がＩＣＱに似た中国語版ツールを作成できないか考えた。

ＯＩＣＱは元々ＩＣＱの単なる中国語バージョンであったが、何はともあれシステム統括プログラムのほんの一部であった。その後インターネット上に載せることとなり、張志東は呉宵光ら古参の技術者を率いて構造設計をやり直した。このシステム構成は現在まで使われ続け、ユーザーの拡大とシステムの更新はあっても、一度も大規模な変更がなされなかった。

ＩＣＱはすでに存在しなくなったと聞いて、どれほど多くの人が残念がるだろうか。そして、ＩＣＱが三億（実際は二・八七億）ドルでアメリカのＡＯＬに買収されたニュースは、多くの人を震撼させた。ところが、馬化騰はこの件でかえって自信をみなぎらせるのであった。

三　ＱＱの大ヒット

ユーザーの数、それはＱＱが中国のインターネット界に君臨する理由である。では、四億近いアクティブユーザーと、九億のユーザー登録数（二〇〇八年のテンセント年間財務報告調べ）を持つＱＱは、当初どのように大ヒットしたのだろうか。

二〇〇二年に出版された「ティッピング・ポイント」（The Tipping Point）の著者マル

コム・グラッドウェルは、製品の流行には三つの基本的な法則があると考えている。それは、少数者の法則（the Law of the Few）、粘りの要素（the Stickiness Factor）と背景の力（Power of Context）である。

少数者の法則とは、製品がヒットをつかむには大勢の中から少数のキーパーソンを探し出し、彼らに製品情報を発信させるというものだ。これによって流行が起こせる。最初にＯＩＣＱのモニターを任されたのは自然とテンセント従業員の友人たちであり、中には馬化騰がＣＦｉｄｏで知り合った友人や公共電子掲示板でつながった技術者の友人も含まれていた。馬化騰はＣＦｉｄｏでは名が知れており、当時ＣＦｉｄｏには中国インターネットの最も早い時期の愛好家たちが集っていた。ＣＦｉｄｏのおかげで、ＣＦｉｄｏを利用していたネットユーザーはＯＩＣＱで二桁から三桁の若い数字のアカウント番号を取得できた。こうした人々はネットユーザーの中でも強いカリスマ性を有していたことから、ＯＩＣＱ番号が小さければ小さいほど価値が高いという風説を呼んだ。

粘りの要素とは、ある物事を理解する過程を意識的に作り上げることなど様々な形式を通して、受け手はより強い印象を抱くようになるという法則である。細部を変えることで、有効的に情報の記憶への粘着性と、情報そのものの効力を増強させることがこの法則の要点である。

馬化騰は高機能をＯＩＣＱ開発の唯一の目標とはせず、ＯＩＣＱの開発時には自らをプロダクトマネージャーと位置付けた上で本当に効果的なことは何かの感覚を有していた。ＯＩＣＱの粘着力の強さの秘訣は、一般的なソフトウェアで必要とされるテスト段階とリリース段階を、うまく一つに融合させた点にある。

ＯＩＣＱはＩＣＱからユーザーを獲得するために、サーバー側の応用をさらに重視した。これにより、ＯＩＣＱのユーザーがサーバー側でチャット履歴を保存できるようになった。ユーザーが少しでも不具合を感じたならば、その都度修正版をリリースした。この対応によってユーザーの保持率が上がるため、粘りの要素を得ていったことは、容易に想像できる。

背景の力とは、消費者が周囲の環境や人格に深く影響を受けていることを指している。マーケティング担当者は、ソーシャルチャネルを最大限活用し、外部環境の些細な変化を作り上げることによって、流行を巻き起こすことができる。

これは微かな違いのように見えるが、少なくとも一つの著しく違う結果をもたらした。中国でもインターネットカフェでインターネットが全面的に展開されると、ユーザーのコンピュータではなくサーバーに情報格納できるＯＩＣＱは、コンピュータに不可欠なソフトウェアとなり、インターネットカフェに来るほとんど全てのユーザーが毎回最初に開くツールとなった。テンセントが多くの新製品と新しいアプリケーションをリリースすると、馬化騰や張志東らはいつもオフィスの下のインターネットカフェに行き、直接ユーザーの反応を観察した。こうして、直接現場から迅速かつ正確に、ユーザーのフィードバックを得ることができた。好評を得たならば、テンセントの創設者たちは、道端の屋台でバーベキューを食べたり、ビールを飲んだりして祝った。一方、期待していた反応を得られなかった時はいつも、皆進んで残業しては、ユーザーの満足を得られるまでリアルタイムで問題点を修正し、更なる改善に努めた。

では、なぜＱＱという名前を選んだのだろうか。一説では、テンセント創業当時の従業員の呉宵光が、ある日路線バスに乗っていると、二人のネットユーザーがＯＩＣＱについて話していた。彼らはＯＩＣＱのアカウントのことを「ＱＱｓ」と呼んでいた。これは呉宵光にとっては斬新であり、会社に戻って他の従業員に伝えると皆からもすぐに好評を得た。

馬化騰はほとんど考える間もなく、ＯＩＣＱをＱＱに改名することに決めた。

四　一万ドルで買収されたドメイン

テンセントのクライアント製品名はＱＱと呼ばれたが、その公式サポートサイトはなおもtencent.comのままであった。これは、QQ.comというドメイン名が、当初テンセントの手中に収められていなかったからである。

QQ.comのドメイン名は、一九九五年五月に初めて登録され、一九九八年からは、アメリカのロバート・ハンツマンによって個人の映画芸術サイトとして使用された。ロバート・ハンツマンは、経験豊富なソフトウェアエンジニアで、弁護士である。アメリカのモンタナ大学を卒業し、アイダホ州のポイジーに定住、ビジネスコンサルティングに従事してきた。彼が所有していたQQ.comのドメイン名は、長い間外国のオークションサイトで販売されており、入札価格は二〇〇万ドルにまで上昇した。その金額の高さゆえ、誰も手を出さなかった。テンセントが思いついた策は、海外事業担当のシニア副総裁である網大為に、個人的にロバート・ハンツマンとやり取りをさせ、事態の好転を図るというものだった。

網大為はメールを送り、自身も個人サイトを開設したく、QQ.comというドメイン名を大変気に入っているため、譲渡してもらえないかと尋ねた。相手から肯定的な返事を受けると、網大為はドメイン名を一〇万ドルという「気前の良い」金額で購入した。弁護士費用及び手数料を含めて、このドメイン名にテンセントは合計一一万ドルを費やした。これは間違いなくお得な買い物だった。

その時テンセントは、すでに成長を遂げていたのである。

第七章　テキストメッセージでインターネット企業の勝ち組に

二〇〇六年以来、テンセントは中国で最も収益を上げるインターネット企業の称号を保ち続けている。さらに驚くべきことに、テンセントの利益率は常に三〇％以上と高い水準で推移しており、五〇％を超える年も珍しくない。

一　インターネット広告と会員費収入

他の中国のインターネット企業同様、テンセントも最初はインターネット広告に目を付けた。

しかし、ＯＩＣＱの利用者の七五％以上が二十六歳以下の若者であったことから、広告主の興味を十分に引くには至らなかった。この問題はテンセントの創業から十年が経っても完全には解決していない。二〇〇八年、テンセントはユーザー数では首位を保ったが、ウェブ広告収入は、新浪（Sina）と捜狐（Sohu）に次いで三位に留まった。インターネットポケベル（テキストメッセージ）でのソリューション提供でも、ウェブ広告でも、会社を支える絶対的な収入は得られなかった。そこでテンセントは、会費徴収というもう一つの道を試し始めた。

二〇〇〇年十一月、テンセントは会員サービスを開始した。一二〇～二〇〇元の月会費を納めた有料ユーザーは、無料ユーザーにはないサービスを受けられた。

当時のテンセントの数千万のユーザーに比べると、当初三千余りという会員数は可哀そうなほど少なかった。原因の一つは、元々約束していた新機能がリリースされていなかったためである。もう一つは、中国の電子商取引のボトルネックである。

馬化騰及び創業者グループは新事業を開拓しなければならなかった。そこでテンセントは、モバイル通信事業者と協力してＳＭＳサービスを展開することを思い付いた。

二　バーチャル通信事業者の青写真

馬化騰は慣れないことには手を出さない人物であった。潤迅通信の出身であると同時に、中国の通信事業者にも顔が広い彼は、必然的に通信の分野をテンセントの最初の利益獲得手段として考えたのである。

一九九九年二月、テンセントはＳＭＳサービスを開始した。馬化騰は最終的なビジョンとしてポケベル、ＧＳＭショートメッセージ及びＩＰ電話網を互いにつなぎ合わせるという考えに至った。角度を変えて言えば、最初のＳＭＳサービスそのものが、こうした高速通信サービスを補ったのである。

ショートメッセージの技術が現れたのが一九九二年であり、モバイル通信が始まったばかりの時期だったが、丸々十年近い間その技術はまだ発展途上にあった。二十世紀末まで、中国移動（チャイナモバイル）のショートメッセージのユーザーは三百万人ほどしかおらず、使用量もかなり低かった。

中国最大の民間ポケベル企業である潤迅通信出身の馬化騰は、おのずと、ここに隠されたビジネスチャンスを分かっていた。こうして、馬化騰と仲間たちはこの機会をつかみ取ったのである。

二〇〇〇年八月十五日、テンセントと広州モバイル通信有限会社は共同で「インスタントモバイルＯＩＣＱ」のサービスを開始した。以前のサービスと異なり、テンセントはＯＩＣＱの利用を有料とした。しかも、このサービスはワイヤレス付加価値サービスの一種であり、後にインターネットが最初の低迷期を迎えた時に、ワイヤレス付加価値サービス全般は中国のインターネット企業にとっての救世主となった。早起きの鳥は虫を捕らえるということわざ通り、早く行動を起こした者が成功する。テンセントはこの革命の波に一番乗りできたため、莫大な利益を上げることができた。

一カ月半後の二〇〇〇年十一月、チャイナモバイルは「モバイルドリームネット」を打ち出し、それが発展するにつれ、テンセントのＯＩＣＱも加速度的に成長していった。テンセントは、モバイルドリームネットのリリース以前から、すでに成熟したアプリケーションを持っていた。そのためテンセントは、モバイルドリームネットの最初の提携企業三社にも名を連ねていた。最初の一年間、モバイルＯＩＣＱのプログラムは、モバイルドリームネットのショートメッセージの業務の半分以上、ひいては七〇％もの比率を占めていた。想像しても本当に驚くべき数字である。

二〇〇一年、ショートメッセージ業務は急速な発展を見せ、テンセントの従業員は早くも百人を突破した。当時テンセントのＣＯＯであり、このプログラムの業務拡張を担っていた曽李青は、オフィスに中国の地図を貼り、赤と青の二色で目印を付けた。赤はチャイナユニコム、青はチャイナモバイルを表し、自らが業務展開した都市には異なる色を付けていった。この時期のテンセントは各地にオフィスを建てていくと同時に、自社のサーバーを通信キャリアのサーバールームに搭載してもらうための営業活動も行っており、時間との闘いを繰り広げていた。

二〇〇一年六月、ＭＩＨがテンセントの株主になった時には、テンセントはついに黒字体制に達していた。中国インターネット業界が迎えた最初の低迷期において、資本金基盤が一番薄いテンセントはそれを乗り越えたばかりか、新浪や捜狐、ネットイースに先立って、中国で最初に黒字を達成したインターネット企業の一つになったのである。

三　モバイルＱＱ

テンセントはモバイルドリームネットが登場する前から、通信事業者と積極的に提携を行っていた。モバイルＱＱのおかげで、長い期間、テンセントはモバイルドリームネットの計画において業務量が最大の付加価値サービスの提携先であった。

モバイルＱＱの主要な業務は、ＳＩＭカードのショートメッセージコマンドによって実行され、こうしたコマンドは携帯電話のユーザーが便利に使用できた。

テンセントのモバイルＱＱのサービスは、専門型の業務とみなされていた。専門型のサービスプロバイダ（ＳＰ）は、イノベーションを継続させられる技術力とクリエイティブなサービスを要するという点で有利であった。テンセントはこうした専門型のＳＰの代表的存在である。テンセントの最も主要なワイヤレス付加価値サービスは、他のＳＰと異なり、よくある写真、着信音やゲームの分野ではなく、独占的な強みを持つ、ＱＱから派生したショートメッセージのサービスであった。

チャイナモバイルの業務量で高い割合を占めるモバイルＱＱのサービスは、新しいタイプのショートメッセージ事業をもたらした。チャイナモバイルのユーザーが絶えず増加していったことも、モバイルＱＱにさらなる発展の余地を与えた。テンセントはモバイルＱの事業のやり方を改善、維持し続けることで、幾度もの業績の波を経た中国のＳＰの中にあっても、起伏を最も小さく留めることができた。

四　チャイナモバイルの飛信ＱＱ　vs　テンセントのモバイルＱＱ

二〇〇六年六月、チャイナモバイルは自社のインスタントメッセージソフト「飛信」のテスト版をリリースした。このソフトは、チャイナモバイルがテンセントのライバル、マイクロソフトに委託して開発された。モバイルＧＳＭネットワークを利用して、異なるクライアントから携帯電話へショートメッセージを送ったり、複数人の通話サービスを提供したりできる。飛信のリリースは、モバイルドリームネットの創業計画の延長といえる。また、チャイナモバイルが通信事業者に加え、徐々にサービスプロバイダの機能も果たし始めるきっかけにもなった。

二〇〇八年、飛信ＱＱのユーザー数は一千万を突破し、その後押しを受け、飛信のユーザーも大幅に増加した。チャイナモバイルはユーザーの増加とサービスの安定化を図るため、契約期間を終えた後もテンセントとの契約を継続する計画を打ち出した。しかし、飛信はユーザー数を継続的に増加させるためにも、これまでテンセントに金を配っていたかのような利益還元は、五〇％に変更された。

チャイナモバイルの飛信を追うようにして、テンセントはＩＰ技術を基にしたモバイルＱＱをリリースした。携帯電話でＱＱのアプリケーションをインストールするだけで、ユーザーはＧＰＲＳネットワークを利用してＱＱのサービスを受けられる。飛信ＱＱがメッセージ数に応じて課金するのに対し、モバイルＱＱはチャットに伴うデータ通信量に応じて料金が決まり、その全額はチャイナモバイルの収入となる。テンセントはモバイルＱＱを通した別のサービスによる収入もあり、中でも最大の収益源はゲームであった。

二〇〇七年六月五日、飛信は正式に商業利用を開始したが、チャイナモバイルの飛信とＱＱを相互接続させるという申し出を、テンセントは断った。テンセントの関係者によると、インスタントメッセージツール同士で、文字の相互利用を実現させることはできるが、テンセントのＱＱに基づく、QQShowやQQPetなどの関連のインターネット付加価値サービスは絶対に相互接続させないとのことであった。二〇〇五年以降、インターネット付加価値サービスは、ショートメッセージに続くテンセントのもう一つの収入源となっていた。

第八章

億近いユーザーを擁する
バーチャル消費帝国

テンセントが収益を挙げる分野のうち独特なものは、テンセントが擁する膨大なユーザー数に基づいた付加価値サービスである。

一　東利行が生んだ「太っちょペンギン」

馬化騰は最初の写実的なペンギンのマスコットを「あまり可愛くない」と気に入らなかった。社内のデザイナーの力不足と考えた彼は、デザインを外部委託する策を用いた。一九九九年、テンセントは東利行という会社にＱＱのイメージキャラクターの設計を委託した。

東利行は創業当初、単に加工貿易に携わる企業であった。主にハローキティやディズニーキャラクターのぬいぐるみの加工事業を行っていたため、キャラクターイメージとは切っても切れない関係があった。

東利行はＱＱのイメージキャラクターのデザインを受注すると、設計チームは原案から何度も試行錯誤し、最終にテンセントと、現在の太っちょペンギンのイメージに決定すると意見が一致した。ぶくぶくに太ったボディに、首に着けた赤いマフラー、そして無邪気に笑った表情が特徴的である。続いて、東利行のQQキャラクターデザインチームは、このQQのキャラクターを立体化、標準化する作業を通し、ポーズや、服装、シーンの違いに合わせた一連のイメージへと拡張させ、それを体系化した。次に、QQのキャラクターに人間味を持たせるため、QQのいくつかの「仲間」をデザインした。こうして、Q妹、漢良、多多、小橘子など、QQキャラクターの大家族ができ上がった。

ある時の中国国際ハイテク成果交易会で、テンセントの従業員は試作したペンギンのキャラクターの貯金箱を使って企業宣伝を行ったが、意外にも好評を得た。

東利行はテンセントQQのキャラクターデザインを行う中で、QQが将来中国で流行する可能性が高いと予測していた。QQペンギンの関連商品の開発権を占有するため、東利行は誠意を示した。

「彼らはすぐに数十万元をもたらしていったよ。我々のために宣伝もしてくれるし、おまけに特許料ももらえてね」。馬化騰は当時を振り返ってこう語った。テンセントは東利行から一〇％以上もの配当を受け取ることができた。ハローキティを所有する企業でさえも配当は五％を上回っていないのである。

二〇〇〇年一二月、テンセントと東利行は、テンセントがライセンスを付与し、東利行が単独でＱＱブランドの商品を代理開発するという契約を締結した。二〇〇一年十月五日、〝Q-Gen〟専門店の一号店が広州にオープンし、ＱＱブランドの衣料品、おもちゃ、腕時計等の製品を専門販売した。二〇〇四年三月三十一日現在、〝Q-Gen〟専門店はすでに全国で百九十九店舗展開されている。

こうして、ついにＱＱは紛れもなく中国の次世代の若者に愛されるブランドとなった。

二　過剰氾濫したＱＱコイン

テンセントをインターネットの海を航海し続ける空母に例えるならば、時折暗礁に乗り上げ、一時的に航行を妨げられたこともある。そして、その中の最大の暗礁が、ＱＱコインであった。

二〇〇一年、中国の有料インターネットゲームのユーザーは約一六八・一万人であったが、二〇〇二年には四〇一・三万人にまで急増した。この時期、中国のオンラインゲーム産業は急速な発展を遂げており、完全な産業チェーンを形成しつつあった。オンラインゲーム業界が脈を打つに伴い、産業チェーン上のオンラインゲームカードや、その販売チャネル、販売代理店も、急激に成長してきた。

QQもその頃、ユーザー数が前代未聞の急成長を遂げており、QQの登録ユーザーは一億の大台を突破した。中国のインターネットユーザーは、オンラインゲームに夢中になると同時に、QQも楽しんでいた。各種サービスがますます豊富になる中で、会員カード（会員制サービスにとって都合の良いもの）と通信支払いシステムだけではなく、独自の決済システムを確立する必要があると考え始めた。その決済システム内の仮想通貨は「QQコイン」と名付けられた。

二〇〇五年五月、テンセントは仮想通貨システムを開発した。「QQコイン」と呼ばれ、一QQコインは一元に相当した。この取引はネットユーザーに「兌換《だかん》」と呼ばれている。支払いを行ったユーザーは同額面のカードを受け取り、記載されたシリアル番号と暗証番号を、QQ番号と照合して、「チャージ」が行われる。つまり、ユーザーがQQコインを購入しなければ、ＱＱコインは存在せず、ＱＱコインの値はユーザーのチャージ金額に相当する。

ＱＱコインが設計された後、テンセントはまずワイヤレスサービスで協力し続けてきた通信事業者の集金代行サービスを始め、ついにワイヤレス付加価値サービス以外のところで収益を挙げることができた。

ＱＱコインは一方通行であった。ユーザーは一旦チャージすると、ＱＱコインを人民元に戻すことができなくなる。そのため、ＱＱコインの消費率やユーザーの継続消費意欲は、どれもテンセントの死活問題であった。

ＱＱコイン決済システムは、テンセントがインターネット業界で優勢的なポジションとなるために、戦略的意義を有するシステムあった。このシステムは、アカウント、ＱＱコイン、それにモバイルチャージ、音声チャージ、カードチャージ、バーチャルカードチャージ、オンライン銀行チャージを含む様々なチャージ方法などの概念をユーザーらに広めた。テンセントは小額決済において非常に強力な機能を持ったため、テンセントのインターネット付加価値サービスやオンラインゲーム事業の多くの製品にとっては大きなサポートとなった。

三　アカウント盗用によるネット詐欺とハッカーの攻撃

テンセントの決済システム「ＱＱコイン」は、人民元でＱＱコインを購入することはできるが、ＱＱコインを人民元に戻すことはできないという一方通行的なものであった。すなわち、ＱＱコインは（携帯電話事業者チャイナモバイルの）モバイルチャージと同様プリペイド式である。しかし、ＱＱアカウントを盗用することで、ＱＱコインを不正に取得するコストが合法的な購入コストよりも下回ってしまい、源流にまでさかのぼる資金フローの逆流を引き起こした。このアカウント盗用問題こそ、テンセントが上場以降に直面した最大の問題だった。

巨額の利益を得られるアカウント盗用は、すぐさま影の産業へと発展した。トロイの木馬を製造し、広め、アカウントを盗み、オンライン販売を行うという完全な産業チェーンが形成された。テンセントは、この影の産業チェーンの各フェーズに対して、早急な対策を講じた。

テンセントは、トロイの木馬とハッキングに対して技術面のセキュリティ対策を行い、QQコインの闇市場での取引を遮断するための法的措置も採択した。テンセントは淘宝網に、QQ取引に関連するウェブサイトを削除するよう求めたが、断られてしまったため、多くの揉め事が発生した。

壁を超えた先にまたさらに高い壁があるというように、莫大な利益によって駆り立てられながら、QQの安全性はなおも大きく脅かされている。QQのハッキングとの戦いは、今後も続いていくのであろう。

アカウント盗用以外にも、テンセントの名で詐欺を働くグループがインターネット上に登場した問題が、テンセントを悩ませた。二〇〇八年九月、深圳と海南省の警察が共同で、QQを利用してユーザーから金をだまし取ったとして、十一人の詐欺グループを海南省儋州で逮捕した。逮捕された容疑者は犯行を認め、相応の法的制裁を受けた。他にも、四川大地震からわずか七日の間に、テンセントと偽って義捐金をだまし取る詐欺事件が、七件発覚した。

サイバー犯罪との戦いは困難を極める。この違法行為に効果的に対処するためには、犯罪チェーンのうち一つまたは少数のリンクを遮断するだけでは足りず、チェーン全体を根絶する必要がある。

アカウント盗用やインターネット詐欺などの問題に加えて、ハッカーによる攻撃も、テンセントが片時も気を抜くことができない問題である。二〇〇八年十二月二十四日の午後七時、テンセント傘下のQZone及び多くのオンラインゲームでサーバー接続障害が発生した。実際の状況はさらに深刻で、障害の発生後一部のQQユーザーは、QQのグループでは自分が送信したメッセージのみが表示され、他のユーザーのメッセージは完全に受信できなくなっていたのである。さらに、個人間でも互いのメッセージを受信できなかった。QQメールボックスにもログインできず、テンセント所轄の様々なオンラインゲームでも、正しいパスワードを入力しても間違っていると表示された。

この手のハッキング事件は、テンセントでは決して珍しくはない。中国インターネットの発展の歴史は、ハッカーにとっては堕落と奮起、そして防御と侵犯の狭間で揺れ動く日々でもある。

馬化騰は、「これは戦いだ。こうした人々の多くは高学歴であり、高い技術力を持っている。だから我々はただ技術的手段を利用してのみそれに対抗することができる」と話す。テンセントの製品とサービスが好評を得る限り、何らかの形でこの戦いは続いていくのである。

第九章

マイクロソフトとの争いに打ち勝つ

歴史を振り返ると、世界規模か中国市場においてかに関わらず、マイクロソフトの競争相手になると、生き残るのは至難の技である。マイクロソフトがライバルに打ち勝つ策は主に二つあった。一つは無料にすること、もう一つは操作システムとWindowsを結びつける方法である。

テンセントと馬化騰も、マイクロソフトの脅威を直に感じており、恐ろしさすら覚えていた時期が長くあった。

しかし、マイクロソフトという強大なライバルを前にして、テンセントは後ずさりするわけにもいかず、馬化騰と仲間たちは直接競争を挑まなければならなかった。そのために、テンセントが考えた策は少なくない。

一つ目は、人材で勝負すること「相手の技で相手を攻撃する」であった。ヘッドハンティングの結果、マイクロソフトMSNのグローバルプロダクトマネージャーの熊明華をテンセントに引き入れ、張志東に並んで技術チーフに任じた。

熊明華は一九八七年に国防科学技術大学を卒業。一九九〇年には中国国防科学技術情報センターで修士号を取得し、中国科学院付属の漢京（Hanjing）で開発部マネージャーを務めた。
一九九一年、熊明華は出国し、ＩＢＭを経て一九九六年にマイクロソフトに入社した。その後、彼はInternet Explorer 4.0やWindows 2000、Windows MEといったいくつもの重要な製品開発プロジェクトに関わった。最も傑出したものがＭＳＮの開発であり、彼はこのプロジェクトでグローバルプロダクトマネージャーを任されたのである。ＭＳＮの経歴があったからこそ、テンセントは熊明華に目を付け、最終的に引き入れたのである。

二〇〇五年春、テンセントはマイクロソフトとの決戦でまた一つ策を打ち出した。上場後初となる大型買収として、博大（Guangzhou Boda Internet Technic Co. Ltd）を傘下に収めた。博大の張小龍（Foxmailの開発者）と彼の二十名の従業員は、テンセント広州支社に配属され、張小龍はその総経理に就いた。

テンセントが博大を買収したのは、Foxmailの技術と顧客層を見込んでのことだった。馬化騰は、ＱＱのメールボックスの技術はマイクロソフトやヤフー、新浪に比べるとまだまだ差があったことを認めていた。つまり、メールボックス技術はこれらの大企業同士の競争の一つの大きな焦点であったため、Foxmailの買収はテンセントを大きく前進させられると考えた。

マイクロソフトでの経歴がある熊明華の加入と、Foxmailの買収により、テンセントがソフトウェア面でマイクロソフトに打ち勝つ計画の口火は切られた。二〇〇六年春、テンセントはMinifoxと称した無料メールボックスツールをリリースした。これは、熊明華に代表されるマイクロソフトのソフトウェアに対する考え方と、張小龍に代表される中国の開発者の知恵の融合であったが、予期していた成果を挙げられたわけではなかった。テンセントが初手で結果を残せなかったのは、マイクロソフトとソフトウェアで競争するという、自社の苦手分野で相手の得意分野に挑むような行為であったためであり、失敗することは当然のことであった。

二〇〇四年、テンセントはテンセント・メッセンジャー（略称ＴＭ）というインスタントメッセージソフトを打ち出した。ＴＭはその位置付けや特徴から見ると、テンセントがマイクロソフトのＭＳＮやネットイースの「網易泡泡」など他のインスタントメッセージソフトから受けたプレッシャーへの対応策であることは明らかである。しかし、ＴＭは予期していた成功を収めることはできず、後にFoxmailと統合しても結果は同じであった。

マイクロソフトからは習得はおろか、模倣をしようとしても上手くいかず、馬化騰は、自社の得意な方法と策を使って、マイクロソフトのMSNの中国での勢力拡大を食い止める方針へと転換し始めた。

馬化騰には小刻みに速く動けるという得意技があった。彼はよく、「我々はとても早く、例えば土曜日にユーザーからフィードバックを受けたら、次の月曜には修正を終えて出せるようにできる。こうした小刻みな速い動きは極めて重要だ。ユーザーの反応が良くなければ絶えず改善する必要があるし、学ぶべき良い工夫があればすぐにでも試す必要がある」と話した。テンセントはずっとこのような方法で前に進んできた。

テンセントの競争力の核心が市場占有率にあると感じる人は多い。ところが馬化騰は、テンセントの競争力はインスタントメッセージのユーザー集団やコミュニティにあり、単純な占有率では語れないと感じている。テンセントとマイクロソフトのインスタントメッセージ市場をめぐる後半戦では、テンセントは二〇〇三年からユーザーに基づく付加価値サービスの開発体制を試み始め、それがマイクロソフトに対抗するのに有効で重要な方法となった。コミュニティのサポートのおかげで、テンセントは持続的に多くの新機能を開発することができた。多くはアメリカで流行しないものか市場に無いものばかりで、マイクロソフトはこうした新機能を全く理解できなかった。しかし、アジアのユーザー間ではかなり流行した。こうして、本部が中国になく、反応も比較的鈍かったマイクロソフトはさらに後れを取ったのである。

テンセントがマイクロソフトと争う時に活用した極意は、まさにテンセントが常にうたってきた早急な改善とユーザー体験であったため、馬化騰は誇らしく感じていた。馬化騰はビル・ゲイツが実績面でリスペクトする数少ないライバルになれたが、それより彼がビジネスで東洋的な知恵によってひらめかないことがなかったのは、より馬化騰の功績を稀有なものにしている。

第十章　ポータルサイトと検索エンジンへの参入

一九九六年以降、Yahooは徐々にウェブサイトの検索エンジンから、ポータルサイトへと移行していった。検索エンジンとして、Yahooは後のGoogleと同じく、ユーザーに「自分のサイトからできるだけ早く離れさせ」、必要なものを探し出せるようにさせるという原理であった。しかしYahooがポータルサイトに移行した後は、ユーザーを自分のウェブサイト上にできるだけ長く滞在させせることを考えるようになった。二〇〇三年、馬化騰もこの分野に目を向けたのである。

一　QQ.com

テンセントのポータルサイトへの参入は、同業他社からは楽観視されず、社内でも支持を獲得できなかった。しかし、馬化騰は結局、周囲の意見を強引に押しのけて、それに着手することを決定した。

二〇〇三年十二月、QQ.comは静かにリリースされた。馬化騰は当時、「我々は、伝統的な新浪、捜狐、ネットイースやTｏｍとは違う。だからテンセントがポータルサイトに参入したというのは、正確な言い方ではない」と語っている。最初の一年間、QQ.comの成長は主に、ユーザーのニーズ把握、そして差別化など、テンセントの持ち前の能力によるものであった。馬化騰は自らQQ.comのホームページデザインに参加した。彼の同業仲間から学び、そして超越する能力と、製品に関する的確な提案に、テンセントの従業員はただ敬服させられるばかりであった。

二〇〇三年には、中国の三大ポータルサイトは、重大ニュースを報道するための比較的成熟したシステムを形成していたとされる。そこで馬化騰は、Ｔｏｍとネットイースでコンテンツディレクターを歴任した孫忠懐をヘッドハンティングし、ポータルビジネスを担当させた。そのチームメンバーの多くも各主要ポータルサイト企業からスカウトされてきた者であった。彼らによって、テンセントはいち早く成熟したネットニュースの取材編集チームを持つことができた。こうして、テンセントは重大ニュースがあった時にも、他のポータルサイトに劣らず素早い反応を見せることができるようになった。

続いてテンセントのポータルサイトは、ＱＱクライアントの莫大なユーザー数を持つ強みを生かそうとし始めた。二〇〇四年には腕試しとして、ＱＱクライアントを介してリアルタイムの情報提供を行った。ミニホームページ、システムニュース、速報ニュースなどの形式で、一千万人が同時にオンラインするＱＱユーザーのパソコンに、オリンピックの試合情報をリアルタイム配信するなど、自社の優位性を最大限に発揮した。

テンセントは同時に、当時のＱＱの主なユーザーグループであった若者を分析し、彼らが最も好むニュース情報について把握していた。そしてQQ.comは、リリースの初期段階でエンターテインメントコンテンツを急ピッチで構築し、若者がニュースを見る際にまずQQ.comにアクセスするという習慣を形成しようとした。

テンセントはその後、QZone、電子メール、ウェブアルバム、ビデオ共有など、顧客抜きでは展開できない多くのサービスをQQ.comで始めた。するとQQ.comの総アクセス数はたちまち新浪を上回り、百度（Baidu）に次ぐ中国で二番目のアクセス数を誇るウェブサイトとなった。テンセントは、QQ.comが最初の成果を達成した時には、法人のユーザー基盤をさらに拡大させようと考えている。

二〇〇五年末、テンセントは新浪、ネットイース、捜狐等のポータルサイト企業から約五百人の金融、文化、技術チャンネルの編集者を引き入れ、コンテンツの充実化を図った。

二〇〇六年から、テンセントはＣＣＴＶの番組「感動中国」を模倣し、「影響中国」というオンラインフェスティバルを毎年末に開催し、その年世間に影響を与えた社会、エンタメ、ビジネスにおける事象や人物を振り返っている。テンセントはまた、独自の株価照会システムを開発したり、イングランドプレミアリーグのライブ放映権を購入したりするなど、コンテンツへの投資を行った。

二〇〇八年四月、テンセントは上海万博で唯一のインターネットサービスの巨大スポンサーとなった。これは、テンセントが多くの万博コンテンツのリソースを持っていることを意味する。また、各スポンサーの万博のロゴを使用したインターネット広告は、QQ.comでのみ掲載できるとされた。

二〇〇七年、テンセントは、馬化騰が二〇〇四年末に言っていた、三年以内にポータルサイトでトップ三に入るという目標を達成した。同社のオンライン広告収入はネットイースを上回り、新浪と捜狐に惜しくも次いでいた。

二〇〇八年の四川大地震や北京オリンピックなどの重大なニュースの報道では、テンセントはプラットフォームの優位性を発揮し、傘下の各種製品を十分に活用したため、他のポータルサイトに負けないインターネット報道とネットワーク連動を実施できた。

オンライン広告のように非常に明確な利益獲得モデルは、国内の成長の伸びしろを大きく残す分野であった。既に上位三位にもなったテンセントだが、そう簡単にトップになる努力をやめることはなかった。テンセントは再び、競合相手を模倣しつつ、技術によって差別化の道筋を探るという点に優れた能力を発揮した。そのプロセスを見てみよう。

二　インターネット業界の中心的存在に

馬化騰は、一九九八年にテンセントを創業した当時、インスタントメッセージでの成功によって、テンセントが中国最大のインターネット企業へと成長するとは思ってもいなかった。同様に、同じ年にグーグルを創業したラリー・ペイジとセルゲイ・ブリンも、検索がインターネットの中心になるとは思いもしなかった。

二〇〇五年二月四日、テンセントはグーグルのウェブ検索を使用し始めた。すなわち、グーグルのウェブ検索ボックスをテンセントの全ての主要なインターネットサービスに組み込んだ。これには、インスタントメッセンジャーQQの端末、急成長を遂げたポータルサイトQQ.com、ブラウザのTT、および法人向けのインスタントメッセージツールであるTMとRTXが含まれている。この取り組みは、QQのユーザー向けサービスの強化を本来の業務提携の目的としていたが、図らずも、テンセントがインターネットの中心的な分野である「検索」でさらなる進歩を果たすきっかけとなったのである。

テンセントの自社検索サイト捜捜(www.soso.com)は、二〇〇六年三月に公式発表され、運用が開始された。捜捜はテンセントの自前の強力なチャネルのおかげで、気付けば二〇〇八年には中国における検索エンジンとしては、百度とグーグルに次ぐ三番手となっていた。当時、捜捜のウェブ検索は主にグーグルに依存していた。しかし、複数のキーワードを検索する際、ウェブページの最上部に表示される検索結果は、グーグルの検索結果とは異なり、むしろグーグルのOneBoxのような結果が出ていた。

捜捜は、ウェブ検索に加えて、自主開発した画像や音楽検索機能、そしてQQ問問という知恵袋サービスなど、エンターテインメントやコミュニティベースの検索にも力を入れた。同時に、自社の優位性を生かして、独自のQQスペース検索を提供した。馬化騰の製品に対する一貫した考え方に基づけば、技術が自前のもので最先端であることは二の次であり、同一ブランドでユーザーに最良のサービスを提供することこそが一番重要なのである。

ライバルに打ち勝つための多角化路線を歩みながら、馬化騰は新たな戦いに挑み続けている。長期的なビジネスには強い忍耐力を持って臨んでいた。もし社内に製品開発への時間のかけすぎに対する疑問の声が上がったのならば、それに対して馬化騰はことわざで答えた。「皿のものを食べながら鍋にあるものをうかがい、畑にあるものも考えるくらい、貪欲になるべきだ。あるビジネスは他のビジネスに育ててもらう必要があり、軌道に乗ってからは、またそれで別のビジネスを育てていくのだ」と。

第十一章

ゲーム市場での決戦

馬化騰は、彼自身がゲーム好きであった。中国のネットユーザーがネットゲームに費やす時間が増えていくにつれて、ゲーム運営会社にも巨額の収入がもたらされていくのを目の当たりにした。どんなに控えめな彼でも、この分野で一獲千金する欲望を抑えることができなかった。ゲーム市場全体では、百余りもの企業がひしめいていた。こうして馬化騰はネットゲームへの参入を決めた。

二〇〇二年春、テンセントの経営陣の間で、ネットゲームに関する論争が巻き起こった。ネットゲームを自主開発するのか、それとも他社製品のエージェントとなるのか。開発するのであれば、大規模なものとミニゲームのどちらにするか。仮に開発に失敗したならば、会社にどういう対応をすべきか。エージェントになるのであればどのジャンルのゲームを選ぶか、運営本部はどこに置くか。議論の末、ネットゲーム産業への入口として、まず韓国でのエージェント業から始めることにした。最初の案件は韓国の「凱旋(Victory March)」というゲームである。テンセントの名声に見合うだけの成功を収めることはできなかったが、テンセントにとっては新たな収入源と基幹産業となった。

「凱旋」は大きな成果こそ出せなかったものの、なんとか初期投資を回収することはできた。何より、テンセントがネットゲームの分野に参入できたことに意義があった。

二〇〇五年六月にリリースしたＱＱペットは、デジタルペット育成ゲームの新境地を開いたわけではなかったが、誰もが「たまごっち」に夢中になっていた一九九〇年代を思い出す感覚をプレイヤーに与えた。

すでにＱＱユーザーに気に入られている太っちょペンギンのイメージと、ＱＱ自身の強大な宣伝力のおかげで、ＱＱペットは急速に普及していった。二〇〇六年七月には同時オンライン人数が百万を突破する奇跡の数字を叩き出し、ＱＱペットは中国ないし世界最大のネット上のバーチャルペットコミュニティとなった。

従来のデジタルペットとの違いとして、ＱＱペットはより擬人化されたという点が挙げられる。これまで以上にユーザー自身や子供に似ているＱＱペットでは、食事、勉強、アルバイト、娯楽、結婚、旅行などを体験することができる。後にバージョンアップもされ、育成の過程が細分化されていくと同時に、ユーザーとの双方向機能も強化された。テンセントはペンギンに次ぐＱＱペットの新しい種類のデザインも行い、猪年には子ブタを追加した（中国語で猪はブタを意味する）。

プラットフォーム運営に秀でたテンセントのゲーム部門は、製品ラインをできる限り拡充させるよう努めている。目指すは、プレイヤーがテンセントのプラットフォームからいかなるテーマやタイプのゲームも見つけられることである。

テンセント総裁の劉熾平は二〇〇八年第三期の財務報告電話会議において、テンセントのオンラインゲーム市場に対する見方についてこのように述べている。「我々はプラットフォーム戦略を維持し、それぞれのゲームに巨大な価値を与えていく。同時に、我々はそれらの経験を集約し、より良い新ゲームの開発を目指す」

第十二章

テンセント式イノベーション

「テンセントソフトウェアセンター」という、様々な製品のアプリをダウンロードできるウェブサイト（http://pc.qq.com/）を開くと、テンセントが予想以上に多くの分野に参入していることが分かる。インスタントメッセージのＱＱ、ＴＭ、ＲＴＸとモバイルＱＱの他にも、Ｅメール機能のFoxmail、ブラウザのＴＴ、ダウンロードツール、中国語学習のためのＱＱスペル、ビデオプレーヤーのＱＱ影音（ムービー）、生放送アプリのQQLive、オーディオプレーヤーＱＱ音楽、セキュリティ対策アプリのＱＱ医生（ドクター）など種類は豊富である。さらに、これらのアプリを使いやすくするために、「テンセントソフトウェアマネージャー」というソフトウェアをリリースした。テンセントのこうしたアプリは、それぞれが少なくないユーザー数を擁し、評判も高い。

したがって、近年のインターネット業界の新しい創業者は、投機資本を探す際にはとある質問に直面する。「もしテンセントがあなたたちの事業領域に参入してきたらどうするの？」。この質問に前に自信を持てる人は不死鳥の羽根とユニコーン程に珍しい。

一　模倣者か革新者か

根本的な質問に戻るが、テンセントはなぜ中国のインターネット業界のほぼ全ての分野で独占的地位を守りながら、多くの競合相手をも恐れさせられるのか。また、なぜポニー・マー（馬化騰の英語名）は、一つの技しか持たないポニーにはならずに済んだのか。

これらの問いに対する答えとして、二つの特性が思いつく。この答えは業界では広く知られているものである。

一つめの特性は、いわゆるＱＱユーザーの依存性である。どの分野に参入しても、ＱＱの忠実なユーザーが膨大な利用者数と潜在的なキャッシュフローの支えとなる。二つめの特性は、「模倣者」という言い方にある。テンセントはどの分野でもまずはイノベーターになろうとはせず、良い製品を見たらすぐに模倣し、自社の製品ラインナップに組み込む。そしてＱＱのプラットフォームを利用してユーザーを獲得する。

ところで模倣とは、テンセントとってどのような意味を持つのだろうか。

二　超越式模倣

「超越式模倣」は、馬化騰の創業当時からの製品哲学である。馬化騰が創業前に開発した「股覇卡（Gu-ba-ka）」（株価表示電子機器）も模倣品の一つであった。一九九二年、彼は何人かの仲間と、市場に流通していた数種類の株価表示電子機器を買い占め、一つ一つ解剖し、より性能の良い株価表示電子機器を開発することに成功した。テンセントの最初の大ヒット製品ＯＩＣＱも、馬化騰のチームの超越式模倣という理念の下で開発されたものだった。当時のＩＣＱは有名ではあったが、問題点も少なくなかった。しかしＯＩＣＱが誕生した途端、こうした問題点は全て解決された。

さらにテンセントの他の製品を見ていくと、ある分野でトップに立てる製品は、総じてその分野で最もユーザーのニーズを満たしている製品でもある。

馬化騰率いるテンセントのチームがこうした超越式のイノベーションを成し得る秘訣としては、製品開発の段階で既存製品の長所と短所を十分研究していることが挙げられる。一方で、ユーザーの敏感なニーズを上手く捉えていることもテンセント式イノベーションの原動力となっている。

三　ユーザーのニーズを満たすイノベーション

テンセントが研究開発する全ての新製品及び製品の改良は、非常に明確なユーザーのニーズに基づいている。また、ユーザーのニーズがテンセントの優れたイノベーションを促進したと言っても過言ではない。ＱＱのグループチャットはその一例である。

製品の強みによって成功した企業は、テンセントに似た好ましい環境がある。それは創業者や創業期の従業員たち自身がその製品の大ファンであることで、ユーザー心理を容易に理解でき、自分自身のリクエストも製品の改善点にできることである。ネット掲示板では、テンセントの熱心なユーザーがよくアクセスし、意見を述べている。テンセントは専任スタッフを設け、こうした掲示板からユーザーのテンセント製品に対する様々な意見を収集させている。同時に、サポートセンターにもたくさんのユーザーから問い合わせの電話が来る。その中に製品利用に関する情報があれば製品開発部署にフィードバックし、製品改善の基礎としている。時には、「プレミアム級」のユーザーがテンセントに招待され、新製品を体験してもらっている。エンジニアはこうしたユーザーの使用体験をよく観察、分析し、その結果は製品の改善を促進し、ユーザーのさらなるリクエストを発見することに用いられる。

四　将来のための蓄積

二〇〇六年七月、テンセントのイノベーションセンターは深圳研究開発センターから独立し、企業のイノベーション業務を担う子会社級の専門機構となった。その中でも最高管理部門は管理委員会と称され、チーフテクニカルオフィサー、イノベーションセンター主任を含む五人で構成された。イノベーションセンターの職務は、社内の各業務部門及び外部のユーザーが提供するアイデアの収集、整理である。選りすぐりのものは社内のイノベーションプラットフォームに提出され、従業員による投票を経て、管理委員会がその中から選定し、最後に従業員に投票をさせる。

イノベーションセンターに戻されたアイデアは製品へと形を変えられ、商用化できる程度にまで成熟した後に、最終的に一線の業務プラットフォームに移される。そのため、イノベーションセンターはテンセント内部では「インキュベーター」と称されている。

イノベーションセンターの技術者チームも、成熟した業務が出てくることに伴い、一部の人員が別の部門に異動となり、その度に新たな人員が補充される。この形式をとることで、イノベーションセンターは常に新鮮さと活力が保たれる。さらに素晴らしいことに、専門的な才能を持つ人材に、専門技術を扱わせることができる。

現在、イノベーションはテンセント全体においてもホットワードとなっている。二〇〇六年、テンセントはグループ内でイノベーションコンテストを開催し、さらに一〇〇万元にも及ぶイノベーション基金を設立した。大型案件であれば、最大二〇万元の賞金を手にすることもできる。外部に向けても、テンセントはウェブサイトlabs.qq.comを通してユーザーのアイデアを収集できるようにした。また、全国的な大学生イノベーションコンテストを主催し、一部の大学にはイノベーションクラブを設立した。

テンセントではすでにある程度の研究開発体系が整っており、かける予算も右肩上がりである。二〇〇六年、テンセントが研究開発にかけた費用は二・九七億元に達し、営業収益の一〇％を超え、前年の一・六三億元と比べると八二％も増加した。マイクロソフト、グーグル、ヤフー、ｅＢａｙ、及び国内の優良企業の研究開発担当者を引き入れては、テンセントの各研究開発部門に任じた。熊明華の計画は、テンセントを「三～五年の間に研究開発のレベルで世界トップクラスのインターネット企業にする」というものであった。

「我々は核心的な技術を蓄積する必要があり、三～五年先のテンセント製品のためのサポートにする」と馬化騰は話す。

五　特許戦略

ＯＩＣＱの知的財産権が侵害された問題で苦い経験をした馬化騰は、同じ過ちを犯すまいと、法律を武器に自分の利益を守ることを学んだ。二〇〇三年初め、テンセントは独立した部門として法務部を設置した。

テンセントは新製品を、ドメイン名、商標、コピーライト、特許、企業秘密などありとあらゆる角度から保護するシステムを確立した。このシステムは、いかなる技術や製品の研究開発のプロジェクト発足とも同時に開始させることによって、関連する知的財産権に的を絞った保護策を打ち出すことができる。

テンセントは、知的財産の複合的な保護戦略に対しては力を惜しまなかった。その方法は具体的に三つある。

一つ目は、著作権と商標権の同時保護である。二〇〇〇年、テンセントはペンギンのキャラクターで企業製品のマスコットを作り出した。テンセントはこのキャラクターに対し単に著作権を登記すると同時に、あらゆる商標登録のプロテクトも実施した。商標保護においても、核心的な商標には全面的な保護登録を行った。QQのペンギンはテンセントの最も有名な商標である。QQの商標はユーザー数の拡大に伴い、億単位のネットユーザーにとってチャットのブランドになった。テンセントは企業名、ドメイン名、ソフトウェアの製品名を商標登録し、有名なキャッチコピー「Q人類、Q生活」をも商標登録した。そして、防御的な商標登録も申請した。

二つ目は、著作権と企業秘密の同時保護である。オリジナルの製品に対しては、ソフトウェアのソースコードや設計図面などに、首尾一貫な企業秘密保護措置を施した。

三つ目は、著作権と特許の同時保護である。特許保護に関しては、テンセントは特許管理データベースを設け、特許申請のトレーシングシステムに繋げることで、特許申請の管理のデジタル化を実現した。

国内で予防的な特許申請をするほか、テンセントはかねてより海外に目を向けており、アメリカ、韓国などインターネットが発展した国や地域でも特許申請を行った。

長年、馬化騰の競争力は常に「焦りは禁物」の信念に基づく漸進的な革新によって生み出されてきた。創業後六年間は業界から過小評価されたテンセントだが、知らず知らずのうちに七億以上のユーザーを獲得し、三百種類もの製品を世に送り出したのである。そして彼はまた、前代未聞の崇高な理想を掲げた。それはインスタントメッセージ、マイスペース、ムービー、音楽などの機能を一体化させ、「真のWeb2.0コミュニティ」を構成することである。一体馬化騰は次に、誰を、模倣し超越するのか。注目しておくことにしよう。

訳者あとがき

「馬化騰のテンセント帝国」をお読みいただき、ありがとうございました。

本書では、今や中国を代表するインターネット企業となったテンセントの、創業期から二〇〇八年ごろまでの成長物語を紹介した。

主人公の馬化騰は一九七一年に広東省に生まれた。深圳大学でコンピューターサイエンスを学び、卒業後はテレコミュニケーションの会社で働いた後、一九九八年に深圳でテンセントを創業した。わずか六年で香港証券取引所での上場を果たし、二〇〇八年には香港ハンセン株価指数の構成銘柄の一つにもなった。

しかし、テンセントの成長はそこで止まったわけではなく、さらなる発展が今も続いていることも、付記しておく必要がある。QQの進化形として、中国版LINEとも称されるモバイルメッセンジャーアプリ・WeChat（微信）を、二〇一一年一月にリリースした。WeChatは単なるモバイルメッセンジャーアプリではなく、モバイル決済の機能「WeChat pay」（微信支付）があり、様々な金融機関のサービスに対応できる。また、ソーシャルネットワークツールのQzone、オンラインゲームストアのQQゲームプラットフォーム、ポータルサイトのQQ.comとTencent News、そして動画配信サイトのTencent Videoなど、インターネット上で幅広いサービスを展開している。すでにWeChatは十億人、QQは八・七億人、Qzoneは六億人のユーザーを誇り、テンセントは中国人にとっての最も重要なネットインフラとなったといえる。日本でも、近年急増する中国人観光客の消費を獲得するためには、WeChat payを取り入れることが不可欠となっており、小売店を中心に各所で導入が進んでいる。

テンセントの強みの源泉はなんといっても、QQ、WeChatといったコミュニケーションサービスを通して獲得した膨大なユーザーである。それをベースに、オンラインゲーム、広告及びスマホ決済などで収益を上げた。そして、二〇一七年七月には、米『フォーチュン』誌が発表し、グローバル企業の実力、規模、国際競争力などの重要指標を測定する世界企業番付「フォーチュン・グローバル500」に初めて入選を果たした。二〇一八年三月には、テンセントの時価総額は四九一九・七九億ドル（約五〇兆円）でアリババやフェイスブックを超え、時価総額ではアジア最大の企業となった。また、米経済誌『フォーブス（Forbes）』が毎年発表している世界長者番付の二〇一八年版によると、馬化騰の個人資産は四五三億ドル（約四・八兆円）で十七位、アジアでは一位の富豪となった。

　創業地である深圳は、一九七〇年代では人口三万人程度の漁村であった。ところが中国の改革開放政策によって経済特区に指定されると、ハイテク産業を中心にいくつかのグローバル企業が誕生した。わずか三十八年で人口は約四百倍近くに増え、北京、上海、広州に続く人口一千二百万人を超える中国第四の大経済都市になった。深圳がこのように飛躍的に発展を遂げた原動力となったのは、三十二・五歳という市民平均年齢に表れた若い労働人口、整備されたサプライチェーン、そして経営のスピード感である。テンセントは、そんな今話題の中国深圳発イノベーションの象徴的な存在でもある。翻訳の作業期間中には、馬化騰とその仲間の活躍の舞台を肌で感じようと、私は実際に深圳を訪れ、テンセント本社ビルを見に行きもした。

しかし現在、中国国内ではFacebookやTwitterなどのサービスが規制されているため、テンセントは中国国内の需要を取りつくしたという見方がある。そこで今後はどのように開かれた世界で戦うかで、さらなる成長の真価が問われる。そんな今だからこそ、テンセントの原点を振り返り、競争を勝ち抜くカギを探し出すべき時であると、私は思う。

本書の翻訳にあたっては、英語版、そして中国語の原書ともに参照した。初めての書籍翻訳であるが、若い二人にこのような素晴らしい機会をいただいた「日本僑報社」に感謝申し上げる。日本ではまだはっきりと知られていない中国の巨人企業の紹介が、中国企業の研究者や興味を持つ読者にとって少しでもお役に立てば幸いである。

二〇一八年十一月

高橋　豪
ダンエディ

馬 化騰 Ma Huateng

1971年生まれ。中国人実業家であり、中国を代表する富豪の一人。広東省深圳市を本拠とするインターネット企業テンセントの創業者であり、現董事会主席兼CEO、全国人民代表大会代表。中国語版SNS“QQ”“WeChat(微信)”を開発し、大ヒット。中国のインターネット社会に変革をもたらした。
ポニー・マー（Pony Ma）という英語名を名乗る。

著者 Lin Jun、Zhang YuZhou

訳者 **高橋 豪**（たかはし ごう）

1995年神奈川県生まれ。早稲田大学法学部在籍中、北京大学国際関係学院に留学。2018年に卒業後、新聞記者として勤務。中国政府系訪日団の会議通訳やテレビドラマの中国語指導などを経験。2016年に日中関係学会「第5回宮本賞」優秀賞。受賞論文「日中関係のカギを握るメディア —CRI日本語部での経験を交えて—」は論文集『日中外交関係の改善における環境協力の役割』（日本僑報社）に掲載。2017年【日中対訳】『忘れられない中国留学エピソード』（日本僑報社）に入選。受賞作品「ボランティアで中国に恩返しを」を掲載。

訳者 **ダンエディ**

1999年ロサンゼルス生まれ。幼児園から高校まで日本で過ごす。郁文館グローバル高校在籍中、ニュージーランドへ一年留学。帰国後、同校の最優秀生徒賞MVD（Most Valuable Dreamer）を受賞。三年次にメディア関連の研究をするゼミを立ち上げ、メディアリテラシーについて執筆した論文は日本STEM教育学会に掲載。第二回全国高校生未来会議最優秀賞受賞。WSC（The World Student Contest）決勝進出。高校卒業後、NPO法人FactCheck Initiative Japanの事務局長補佐としてTrusted Media Summitなどの国際会議に参加。現在、The George Washington Universityに在学中。

時価総額アジア1位 テンセント帝国を築いた男 馬化騰

2018年12月25日 初版第1刷発行
著　者　Lin Jun　Zhang YuZhou
訳　者　高橋 豪（たかはし ごう）　ダンエディ
発行者　段 景子
発売所　日本僑報社
〒171-0021 東京都豊島区西池袋3-17-15
TEL03-5956-2808　FAX03-5956-2809
info@duan.jp
http://jp.duan.jp
中国研究書店 http://duan.jp

2018 Printed in Japan.　ISBN 978-4-86185-261-9　C0036

四六判248頁 並製
定価1800円＋税
2018年刊
ISBN 978-4-86185-173-5

関口知宏 著 新装版

「ことづくりの国」日本へ

そのための喜怒哀楽世界地図

「ものづくり」から「ことづくり」へ。
様々な旅を通してことのあり方を探る。

NHK「中国鉄道大紀行」の旅を通じて、
「異郷有悟」という四字熟語を創作しました。

「外国に行って、その国の良さや問題を知ることで、
自分の国の良さや問題が分かる」

任正非の競争のセオリー シリーズ第1弾

ファーウェイ成功の秘密

Zhang Yu, Jeffrey Yao 著 日中翻訳学院 訳

中国発、世界最大級の通信設備サプライヤー・ファーウェイは、今や国際的にも注目の的だ。その誕生と発展の秘密を創業者の半生を通して探る。

四六判128頁 並製　定価1600円＋税
2017年刊　ISBN 978-4-86185-246-6

世界が注目するアジアの
創業者たちの素顔に迫る
シリーズ第3弾
2019年発刊予定

第1弾 任正非〔ファーウェイ〕
第2弾 馬化騰〔テンセント〕

同じ漢字で意味が違う

日本語と中国語の落し穴

用例で身につく「日中同字異義語100」

久佐賀義光 著
王達 中国語監修

"同字異義語"を楽しく解説した人気コラムが書籍化！中国語学習者だけでなく一般の方にも。漢字への理解が深まり話題も豊富に。

四六判252頁 並製　定価1900円＋税
2015年刊　ISBN 978-4-86185-177-3

日本語と中国語の妖しい関係

中国語を変えた日本の英知

松浦喬二 著

「中国語の単語のほとんどが日本製であることを知っていますか？」という問いかけがテーマ。一般的な文化論でなく、漢字という観点に絞りつつ、日中関係の歴史から文化、そして現在の日中関係までを検証した非常にユニークな一冊。

四六判220頁 並製　定価1800円＋税
2013年刊　ISBN 978-4-86185-149-0

中国出版産業 データブック vol.1

国家新聞出版ラジオ映画テレビ総局図書出版管理局 著
段景子 監修
井田綾／舩山明音 訳

デジタル化・海外進出など変わりゆく中国出版業界の最新動向を網羅。出版・メディア関係者ら必携の第一弾、日本初公開！

A5判248頁並製　定価2800円＋税
2015年刊　ISBN 978-4-86185-180-3

中国コンテンツ産業 対外貿易の研究

劉建華 著
大島義和（日中翻訳学院）訳

経済大国から文化強国を目指す中国はいかにコンテンツ貿易を発展させ得るか？ マクロとミクロの両視点から中国のソフトパワー戦略の歩みを知るための必読の一冊。

A5判272頁 並製　定価4800円＋税
2018年刊　ISBN 978-4-86185-258-9